Heidi Rothemund

Schals

Häkel- & Strickmuster in Trendfarben

Weltbild

Inhalt

Vorwort

Schals sind das modische Stylingmittel schlechthin, denn mit kaum einem anderen Modeaccessoire können Sie Ihre Kleidung so eindrucksvoll aufpeppen und immer wieder neu in Szene setzen.

Einen schönen Wollschal müssen Sie aber wirklich nicht im Laden kaufen. Viel mehr Spaß macht es, ihn selbst zu stricken oder zu häkeln – und Sie liegen damit voll im Trend! Schließlich ist ein Schal ruck, zuck gemacht und auch für Anfänger geeignet. Kompliziertes Zunehmen oder Abnehmen von Maschen fällt weg, und aufwändige Muster überlassen Anfänger einfach den Fortgeschrittenen. Ein wunderschönes Ergebnis erzielen Sie schon, indem Sie einfach Maschen anschlagen, dann immer geradeaus stricken und das fertige Stück nach Belieben mit Fransen, Quasten oder Zöpfen veredeln.

Für Anfänger empfiehlt es sich, eine melierte oder unregelmäßig gesponnene Wolle zu verarbeiten, denn da fallen kleinere Unsicherheiten überhaupt nicht auf. Außerdem sind diese Wollsorten sehr effektvoll. Nach dem ersten Schal, wenn das Strick- oder Häkelfieber erwacht ist, können Sie sich dann an andere Wollsorten wagen, und selbst Zopf- oder Ajourmuster gehen Ihnen mit der Zeit locker von der Hand.

Zum Glück können die modischen Wollschals nicht nur im Winter getragen werden. So muss gerade in der Übergangszeit, wenn das Wetter unberechenbar ist und schnell umschlägt, nicht gleich die dicke Winterjacke aus dem Schrank geholt werden. Ergänzen Sie eine Weste oder einen Pulli einfach mit einem Schal, und Sie sind perfekt angezogen. Auch an späten Frühlings- oder Frühsommerabenden, wenn es langsam kühl und windig wird, lässt sich die Gemütlichkeit prima mit einem dicken Schal erhalten.

Welche Effekte Sie mit unterschiedlichen Schals erzielen, zeigt beispielsweise die Kombination mit einem schlichten grauen Mantel. Mit dem pinkfarbenen Ajourschal wirkt der Mantel elegant, mit dem Schal im Burlington-Muster sportlich-klassisch. Kombinieren Sie denselben grauen Mantel mit dem schwarzbunten Folkloreschal, passt er zum aktuellen Trachten-Look, mit dem schwarz-weißen Rautenschal hingegen präsentiert er sich als Basic für den aktuellen Sixties-Look.

Lassen Sie sich von den gezeigten Modellen inspirieren, und entscheiden Sie sich für ein Muster, das Ihrer Fertigkeit und Ihrem Stil entspricht. Die Wollfarben können Sie ganz nach Belieben verändern. Besorgen Sie sich einfach Ihre Lieblingsfarben, und legen Sie los. In Kürze können Sie Ihr eigenes Werk bewundern.

Grundkurs Stricken

Haben Sie noch nie gestrickt oder einfach nur vergessen, wie es geht? Kein Problem, hier erfahren Sie alles Wissenswerte zum Schalstricken. Sie werden sehen, es ist ganz leicht.

KREUZANSCHLAG

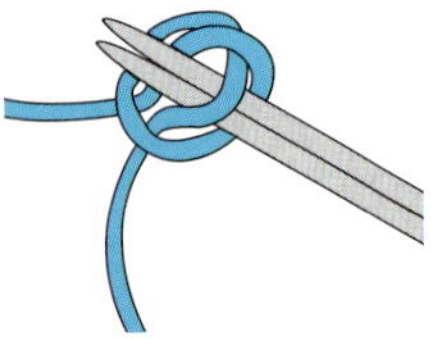

❶ Damit die Anschlagkante später schön elastisch ist, schlagen Sie die Maschen am besten auf zwei Nadeln auf. Lassen Sie das Fadenende dreimal so lang, wie das Strickstück breit werden soll, herabhängen, und legen Sie mit der Wolle eine doppelte Schlinge. Dabei sollte sowohl der Arbeitsfaden als auch das lange Fadenende unten liegen. Fassen Sie nun innerhalb der Doppelschlinge das unten liegende lange Fadenende mit den Doppelnadeln auf, und ziehen Sie den Faden nach oben. Die Fäden unter den Nadeln festziehen, nun haben Sie die erste Masche auf der Nadel.

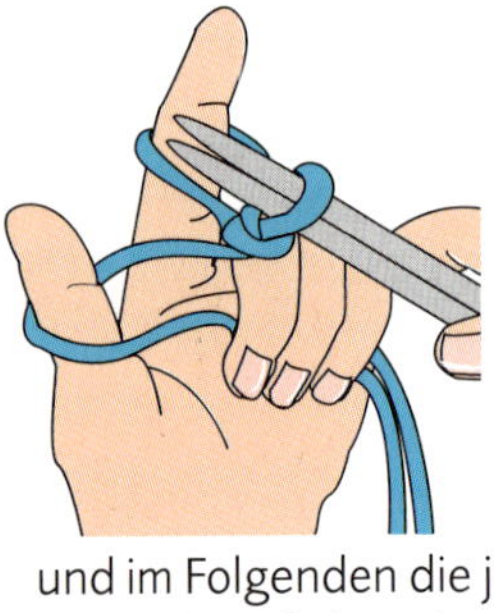

❷ Als Rechtshänder spreizen Sie Daumen und Zeigefinger der linken Hand und legen die Nadeln mit der ersten Masche dazwischen (Linkshänder nehmen hier und im Folgenden die jeweils andere Hand). Den Arbeitsfaden, der zum Wollknäuel führt, legen Sie von vorn nach hinten um den linken Zeigefinger und halten ihn mit dem Mittelfinger, dem Ringfinger und dem kleinen Finger fest. Den Faden, der zum Fadenende führt, legen Sie um den Daumen und fixieren diesen ebenfalls mit dem Mittelfinger, Ringfinger und kleinem Finger in der linken Hand.

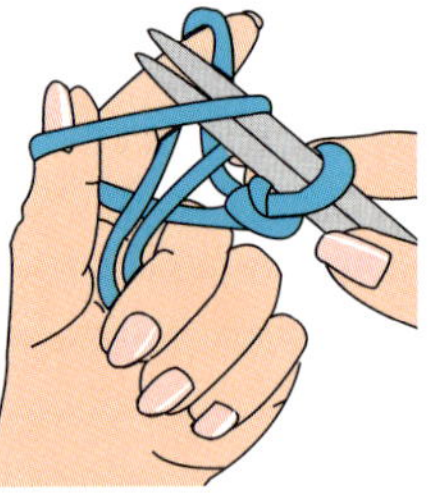

❸ Nun fahren Sie mit den Spitzen der beiden Nadeln von unten durch die Schlinge des Daumens nach oben. Mit dem Zeigefinger der rechten Hand halten Sie bei diesem Arbeitsschritt die jeweils letzte Masche auf den Anschlagnadeln fest – wer will, nimmt zusätzlich den Daumen.

❹ Fahren Sie weiter mit den Spitzen der Nadeln über den vorn liegenden Zeigefingerfaden, und ziehen Sie diesen Faden in Richtung des Daumens durch die Daumenfäden hindurch. Dort als Schlinge nach vorne und oben ziehen. Dabei den Daumen aus der Schlinge des Daumenfadens herausziehen. Die so entstandene Masche unterhalb der Doppelnadeln durch Ziehen der beiden Fäden fixieren. Arbeiten Sie immer so weiter, bis Sie die gewünschte Anzahl

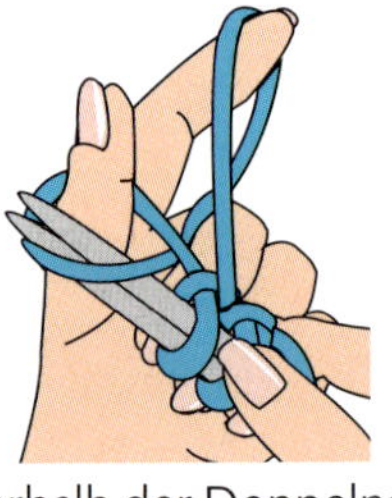

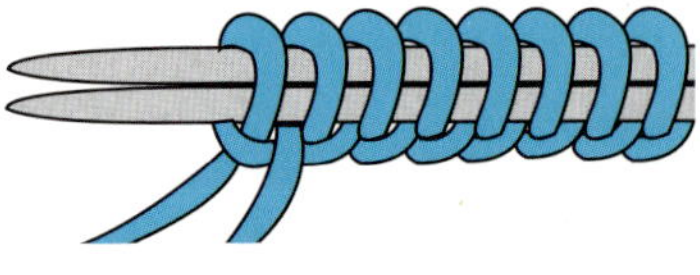

Maschen auf den Nadeln liegen haben. Dann ziehen Sie eine der beiden Stricknadeln aus den Anschlagmaschen heraus.

RECHTE MASCHENREIHEN

1 Wickeln Sie den Arbeitsfaden um den rechten Zeigefinger, und stricken Sie die Randmasche (→ Seite 8). Anschließend stechen Sie mit der rechten Nadelspitze von links nach rechts in das Maschenglied auf der linken Nadel. Führen Sie die Nadelspitze nach hinten um den Arbeitsfaden.

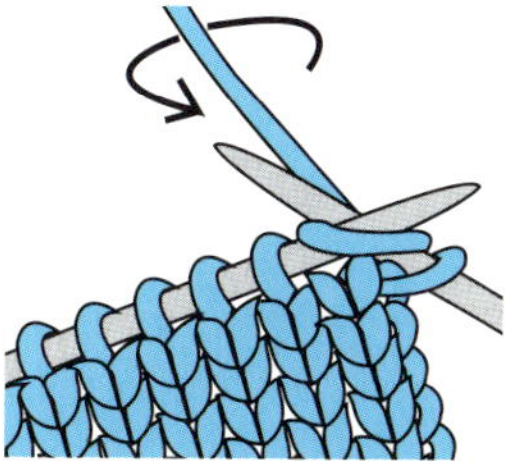

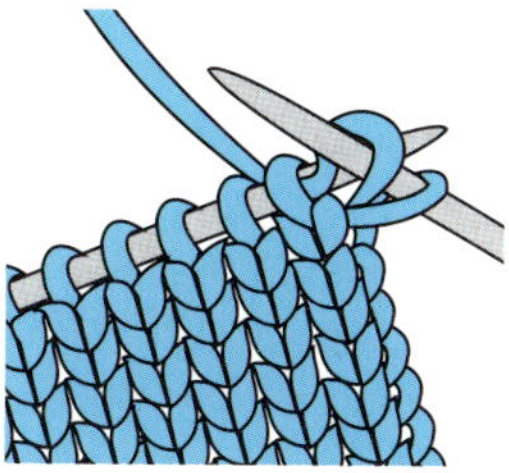

2 Ziehen Sie den Arbeitsfaden durch das Maschenglied nach vorne, dabei lassen Sie die Masche von der linken Nadel gleiten. Die abgestrickte Masche liegt nun auf der rechten Nadel. Bis zum Ende der Reihe immer so weiterstricken.

LINKE MASCHENREIHEN

1 Stricken Sie zunächst die Randmasche (→ Seite 8). Danach legen Sie den Arbeitsfaden vor das Maschenglied der linken Nadel. Stechen Sie mit der rechten Nadelspitze von rechts nach links in das Maschenglied der linken Nadel, und führen Sie die Nadelspitze von vorne nach hinten um den Arbeitsfaden.

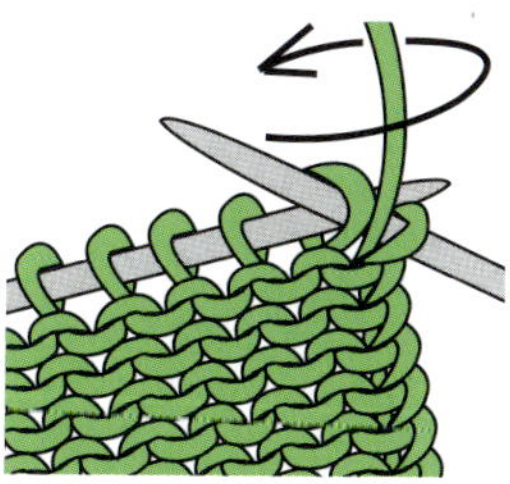

2 Jetzt ziehen Sie den Arbeitsfaden mit der rechten Nadelspitze durch das Maschenglied. Dabei lassen Sie die Masche von der linken Nadel gleiten, die abgestrickte Masche liegt nun auf der rechten Nadel.

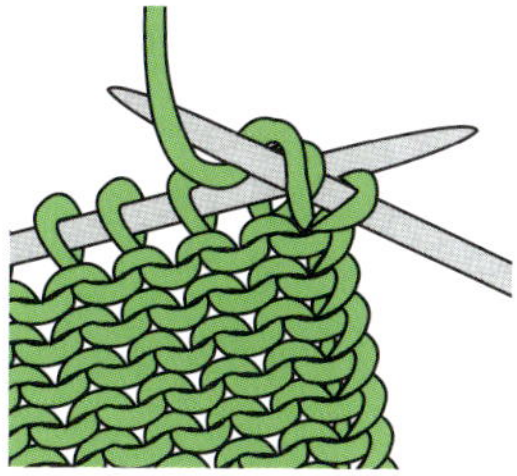

MASCHEN ABKETTEN

Alle Strickstücke werden auf der rechten Seite durch Überziehen der Masche abgekettet.

1 Arbeiten Sie zunächst die Randmasche (Seite 8). Danach stricken Sie die erste Masche, wie sie erscheint (hier rechts).

2 Stechen Sie mit der linken Stricknadel von links nach rechts in das Maschenglied der Randmasche, und ziehen Sie mit der rechten Nadel die erste Masche durch die Randmasche. Die Randmasche dabei von der Nadel gleiten lassen.

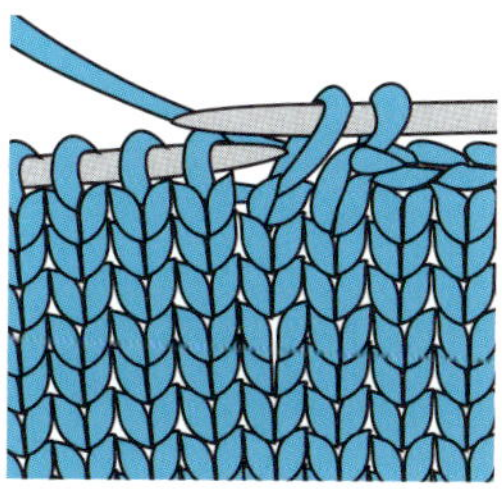

3 Jetzt stricken Sie die nächste Masche, wie sie erscheint (hier rechts). Stechen Sie mit der linken Nadel in die erste Strickmasche, und ziehen Sie die zweite Masche durch. Dabei die erste Masche von der Nadel gleiten lassen. Auf die Weise alle weiteren Maschen abketten. Bei der letzten Masche den Faden 15 cm lang abschneiden und durch die Masche ziehen.

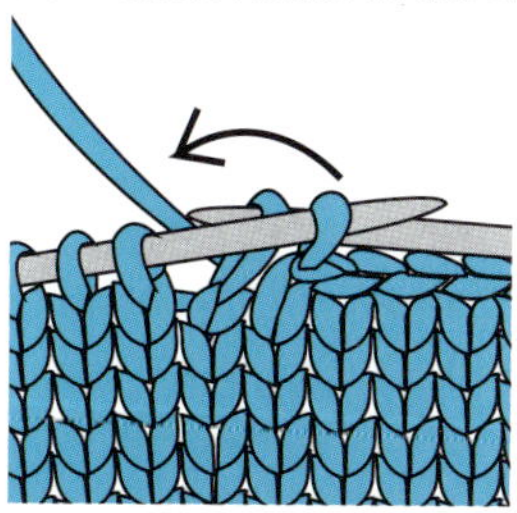

Grundkurs Häkeln

Häkeln ist wieder groß in Mode. Mit den folgenden Anleitungen können Sie die Technik erlernen oder einfach wieder auffrischen. Einmal gewusst wie, macht es großen Spaß.

SCHLINGE

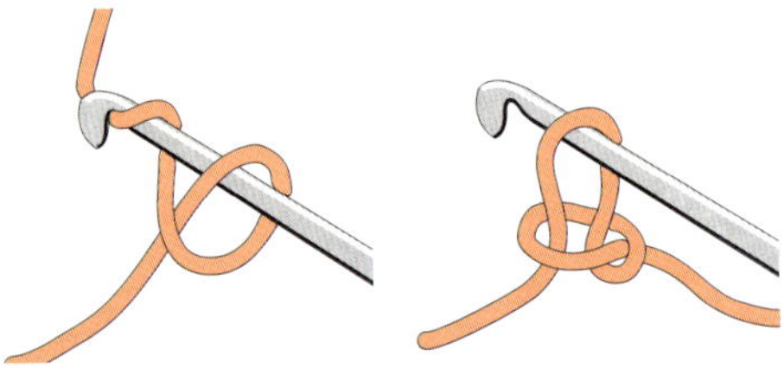

❶ Bei jeder Häkelarbeit steht am Anfang die Schlinge. Dafür wickeln Sie den Arbeitsfaden, also den Faden, der zum Wollknäuel führt, zweimal um den Zeigefinger. Dann das kurze Fadenende zur Schlinge legen, sodass das Fadenende hinten liegt. Die Schlinge mit Daumen und Mittelfinger festhalten.

❷ Stechen Sie mit der Häkelnadel durch die Schlinge. Anschließend die Nadel um den langen Arbeitsfaden schlingen und durch die Schlinge ziehen. Beide Fäden anziehen.

HÄKELARBEIT HALTEN

❶ Rechtshänder halten die Häkelnadel in der rechten Hand (Linkshänder nehmen hier und im Folgenden die jeweils andere Hand). Der Arbeitsfaden wird zunächst von der Oberseite der linken Hand aus zwischen dem kleinen und dem Ringfinger zur Innenseite der Hand gelegt. Von dort aus ziehen Sie ihn vorn über den Zeigenfinger und wickeln ihn zweimal bis zur Zeigefingerspitze.

❷ Halten Sie die Häkelarbeit stets mit dem Daumen und dem Mittelfinger der linken Hand dicht unter der Einstichstelle der nächsten Masche fest. Mit der Häkelnadel können Sie sowohl von oben greifen, als auch von unten fassen.

LUFT- UND KETTMASCHEN

❶ Am Anfang einer Häkelarbeit müssen Sie immer Luftmaschen aufnehmen. Nach der Anfangsschlinge halten Sie dafür die Arbeit wie beschrieben. Schieben Sie die Häkelnadel etwas nach links, sodass der Haken nach oben zeigt, und legen Sie den Faden von hinten nach vorne um die Nadel. Dabei hält der Haken die Schlinge auf der Nadel fest.

❷ Drehen Sie den Haken nach unten, und ziehen Sie damit den Faden durch die Schlinge, die sich auf der Nadel befindet. Die nächsten Luftmaschen genauso ausführen. Eine Kettmasche ist nichts anderes als eine Luftmasche, die mit der Häkelarbeit verbunden wird.

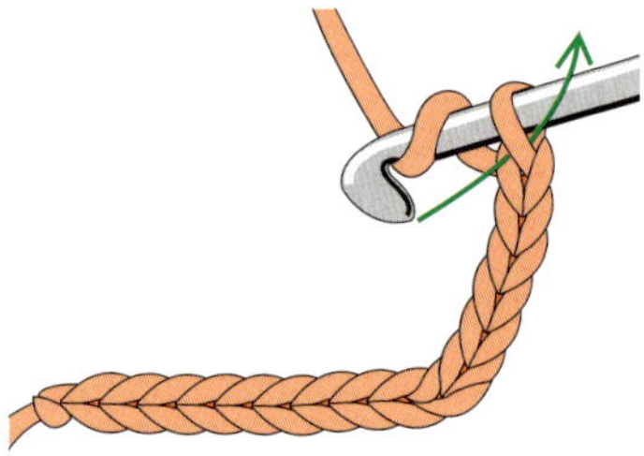

FESTE MASCHEN

Um eine feste Masche zu häkeln, stechen Sie die Nadel durch ein Maschenglied einer Luftmaschenkette oder einer vorangegangenen Reihe. Dann legen Sie den Arbeitsfaden von hinten nach vorne um die Nadel, fassen ihn

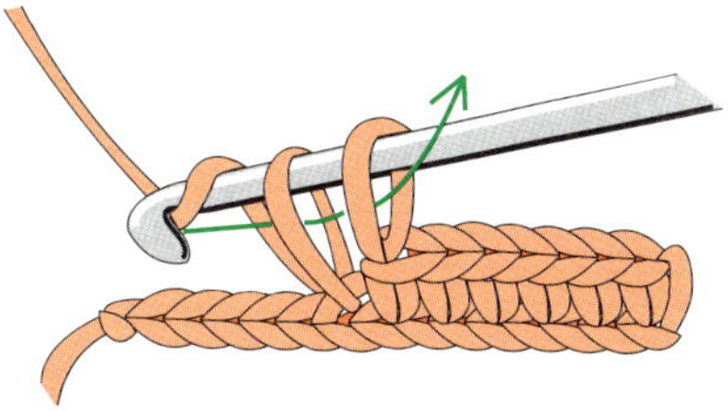

mit dem Haken und ziehen ihn durch das Maschenglied. Schlagen Sie den Faden noch einmal um die Nadel, und ziehen Sie ihn durch die beiden Schlingen auf der Nadel.

STÄBCHEN

1 Schlingen Sie den Faden um die Nadel, und stechen Sie diese durch ein Maschenglied einer vorangegangenen Reihe oder einer Luftmaschenkette. Nun den Arbeitsfaden mit dem Haken durchziehen. Es sind jetzt drei Schlingen auf der Nadel. Holen Sie den Faden noch einmal, und ziehen Sie ihn durch zwei Schlingen.

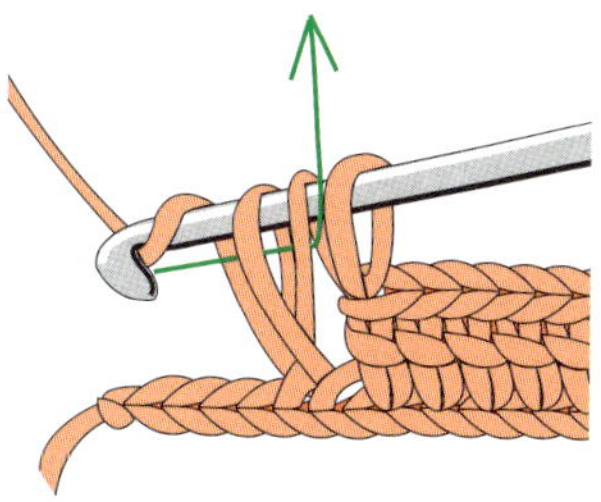

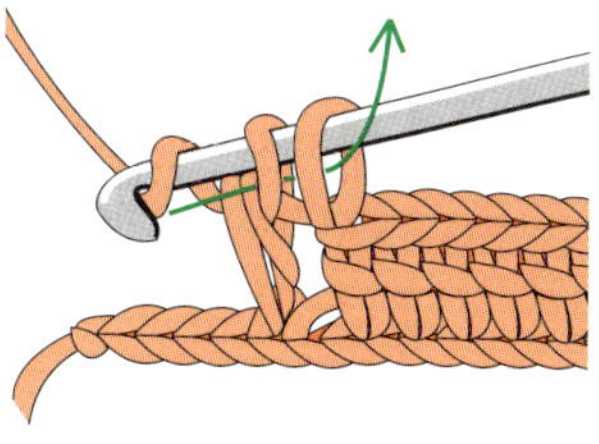

2 Den Faden wieder holen und durch die restlichen zwei Maschen auf der Häkelnadel ziehen.

DOPPELTE STÄBCHEN

1 Wickeln Sie den Faden zweimal um die Häkelnadel, und stechen Sie diese in das nächste Maschenglied der vorangegangenen Reihe oder Luftmaschenkette ein. Ziehen Sie den Faden durch das Maschenglied. Es befinden sich jetzt vier Schlingen auf der Nadel. Nun holen Sie den Faden mit dem Haken und ziehen ihn durch zwei Schlingen.

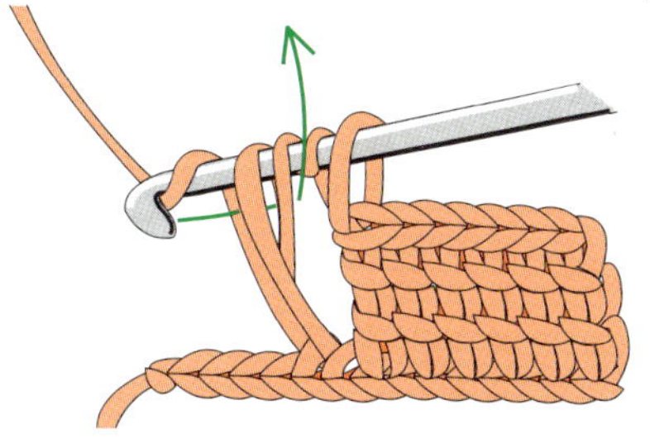

2 Danach erneut den Faden mit dem Haken holen und durch die nächsten zwei Schlingen auf der Nadel ziehen. Zum Schluss den Faden noch einmal holen und durch die zwei verbliebenen Schlingen ziehen.

GERADER RAND

1 Stechen Sie in das zweite Maschenglied nach einer Luftmaschenkette bzw. in das erste der letzten Reihe ein, und arbeiten Sie die entsprechende Masche, die für die Reihe vorgesehen ist.

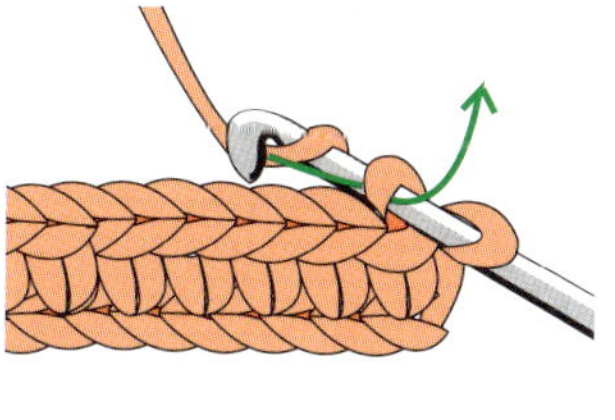

2 Am Reihenende arbeiten Sie die letzte Masche in das letzte Maschenglied der Vorreihe, und häkeln dann zum Wenden eine Anzahl Luftmaschen: Für feste Maschen eine, für Stäbchen zwei bis drei. Richten Sie sich dabei nach der Anleitung.

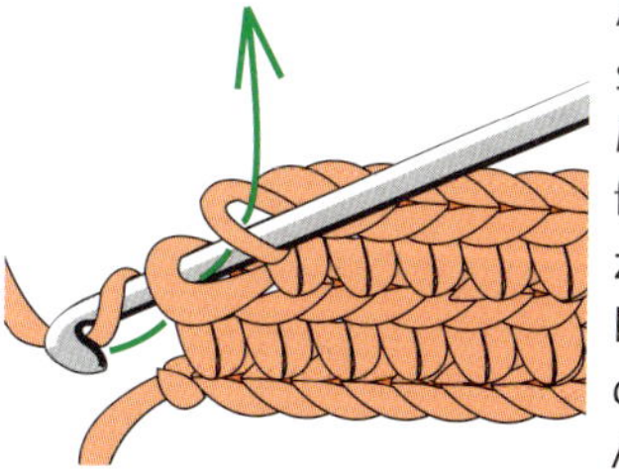

Allgemeines im Voraus

Auch wenn Sie es kaum noch erwarten können, bevor Sie mit dem Schalstricken oder -häkeln beginnen, sollten Sie sich vorab noch ein paar Grundregeln durchlesen.

MASCHENPROBE

Bevor Sie anfangen, empfiehlt es sich, eine Maschenprobe gemäß den Angaben in den jeweiligen Anleitungen anzufertigen. Arbeiten Sie die Maschenprobe immer mit der Nadelstärke, die im Materialkasten angegeben wurde. Abweichen sollten Sie nur, wenn Sie extrem fest stricken. Dann nehmen Sie eine Nadelstärke dicker, oder wenn Sie extrem locker stricken, dann arbeiten Sie mit einer Nadelstärke dünner.

Arbeiten Sie die Maschenprobe zudem stets in dem Grundmuster, das gehäkelt oder gestrickt wird. Bei Rippen oder Mustern, die sich beim Stricken zusammenziehen, sollten Sie die fertige Maschenprobe spannen, mit einem feuchten Tuch bedecken und trocknen lassen.

An die fertige Maschenprobe legen Sie ein Lineal an und prüfen, ob sie 10 cm im Quadrat ergibt. Ist dies der Fall, können Sie mit dem Stricken gemäß der Anleitung beginnen. Wenn nicht, zählen Sie die Maschen für 5 cm in der Breite und teilen die Zahl durch fünf. So haben Sie die Maschen, die Sie für 1 cm in der Breite benötigen. Diese Maschenzahl mit der Breite des fertigen Strick- oder Häkelstücks multiplizieren, und schon haben Sie die Zahl der anzuschlagenden Maschen.

TIPP **Bei Musterrapports stets darauf achten, dass die angeschlagene Maschenzahl durch die Zahl der Maschen des Rapports (plus 1) teilbar ist.**

In der Höhe beenden Sie den Schal einfach, sobald die gewünschte Länge erreicht ist.

FÄDEN VERNÄHEN

Ist der Schal fertig gestellt, müssen alle herabhängenden Fäden vernäht werden. Fädeln Sie sie dafür in eine Stopfnadel ein, und stechen Sie die Nadel durch die Maschen des Schals. Nach ungefähr 8 cm schneiden Sie den Faden dicht an der Ausstichstelle ab.

RANDMASCHEN

Damit ein gestrickter Schal glatt liegt und sich die Ränder nicht einziehen, gibt es zwei Arten von Randmaschen, die das verhindern:

1. Knötchenrand

Dafür benötigen Sie zwei zusätzliche Maschen zum Grundmuster: In allen Reihen wird die erste Masche rechts abgehoben, das heißt, der Faden liegt hinter dem Strickstück, die rechte Nadelspitze sticht von rechts nach links in das Maschenglied der linken Nadel und hebt es ab. Die letzte Masche wird immer rechts gestrickt.

2. Glatter Rand

Dafür benötigen Sie beim Strickstück vier zusätzliche Maschen zum Grundmuster: Die erste Masche links abheben, die zweite rechts stricken. Die vorletzte Masche links abheben, die letzte Masche rechts stricken. Beim Links-Abheben liegt der Faden vor der rechten Stricknadelspitze, diese sticht anschließend von rechts nach links in das Maschenglied auf der linken Stricknadel.

ABKÜRZUNGEN

A	= Anfang
M	= Masche
re M	= rechte Masche
li M	= linke Masche
R	= Reihe
Rd	= Runde
Hin-R	= Hinreihe
Rück-R	= Rückreihe
U	= Umschlag
LL	= Lauflänge
Rapport	= Muster oder Farbfolge wird in der Breite und Höhe immer wiederholt
zus.str.	= zusammenstricken

STRICKNADELN

Am einfachsten lässt sich mit **Rundstricknadeln** arbeiten. Diese sind etwa 40 bis 90 cm lang, das Strickstück liegt während des Strickens auf der Perlonschnur zwischen den beiden Nadeln. **Feste Stricknadeln** aus Metall oder Kunststoff sind zwischen 25 und 35 cm lang, mit einem Stopper am Ende, damit die Maschen nicht von den Nadeln rutschen. Zum Zopfstricken gibt es **Hilfsnadeln** mit einem Knick in der Mitte, so bleiben die Maschen beim Stilllegen auf der Nadel. Ein **Nadelspiel** besteht aus fünf gleich langen Nadeln, die zum Rundstricken benötigt werden.

HÄKELNADELN

Häkelnadeln gibt es durchgehend aus Metall oder mit einem Kunststoff verstärkten Griff. Probieren Sie einfach aus, welche Ihnen mehr liegt. Im Ergebnis gibt es keinen Unterschied.

TIPP **Egal ob Sie häkeln oder stricken wollen, haben Sie auf jeden Fall eine Häkelnadel im Haus. Sie benötigen sie zum Einziehen von Fransen. Auch eine Stopfnadel zum Vernähen der Fäden sollten Sie parat haben.**

STRICK- UND HÄKELGARN

Die angegebenen Garne erhalten Sie im Fachhandel, oder Sie bestellen Sie im Internet (Bezugsinfo → Seite 64). Wenn Sie sich bewusst für eine andere Wollsorte entscheiden, können Sie durch die Angabe von Lauflänge und Maschenprobe auf der Banderole die Qualität und den Verbrauch für ein Strick- oder Häkelstück vergleichen. Stimmen diese Angaben ungefähr mit den im Buch verwendeten Garnen überein, entsprechen sich auch meistens die Maschenproben und die in der jeweiligen Anleitung empfohlenen Nadelstärken. Das Ergebnis Ihrer Arbeit wird dann ähnlich der Abbildung im Buch.

Ob Sie sich für ein Garn aus Naturfaser, Chemiefaser oder Mischfaser entscheiden, hängt von Ihrer persönlichen Vorliebe ab. Der Anteil der Fasern eines Garnes wird immer auf der Banderole angegeben. Lassen Sie sich nicht von Chemiefasern abschrecken, denn durch aufwändige und hochwertige Verarbeitung unterscheiden diese sich heute völlig von früheren Chemiefasern. Durch ihre Beimischung werden die positiven Eigenschaften von Naturfasern verstärkt und die problematischen ausgeglichen. Gerade für empfindliche Naturen sind Chemie- und Mischfasern oft ein optimaler Ersatz für kratzige Naturwolle.

Erdtöne in Patchworkoptik

Die schönen Naturtöne schmeicheln fast jedem Typ und heben das Muster optisch hervor. Dabei ist der Schal ganz einfach gestrickt und auch für Anfänger bestens geeignet.

MATERIAL

Maße: 30 x 220 cm

- Lana Grossa, Qualität »Niki«, 100 % Mikrofaser, LL 100 m per 50 g:
  - Je 100 g Hummer Nr. 14, Terrakotta Nr. 10, Weinrot Nr. 16
- Lana Grossa, Qualität »Favola«, 40 % Merino, 30 % Acryl, 30 % Polyamid, LL 60 m per 50 g:
  - 50 g Braun Nr. 13
- Stricknadeln Nr. 6

SO WIRD'S GEMACHT

Maschenprobe 16 M und 20 R ergeben 10 x 10 cm.

Grundmuster Glatt re: In den Hin-R re M, in den Rück-R li M stricken. Glatt li: In den Hin-R li M, in den Rück-R re M stricken.

1. Schlagen Sie mit Hummer 24 M und mit Terrakotta 24 M jeweils plus Rand-M an. Stricken Sie die Rand-M, dann 23 li M in Terrakotta, die letzte li M Terrakotta mit doppeltem Faden, also mit Terrakotta und Hummer stricken. Das Gleiche gilt für die erste re M Hummer. Dann 23 re M und Rand-M nur in Hummer stricken. Die Farbwechsel in der Mitte stets mit doppeltem Faden stricken.

2. Anschließend gemäß dem Grundmuster und der Schemazeichnung weiterstricken. Nach 13 cm die Farbe Hummer beenden und mit glatt li Weinrot weiterarbeiten.

3. Im weiteren Verlauf wechseln Sie die Farben und Muster wie auf der Schemazeichnung angegeben. Prinzipiell schließt sich an eine Farbfläche glatt li in der Höhe immer eine in glatt re an und umgekehrt.

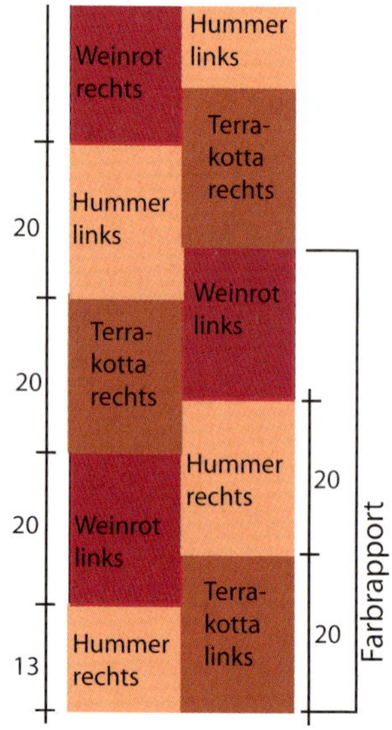

4. Insgesamt elf Farbflächen am rechten Rand arbeiten, dann alle Maschen abketten und alle heraushängenden Fäden vernähen.

5. Zum Umnähen fädeln Sie einen langen Faden Favola in Braun auf die Stopfnadel und umstechen den äußeren Rand des Schals mit schrägen Stichen, die ungefähr 1 cm lang sind. Orientieren Sie sich dabei an den Reihen. Zum Abschluss übernähen Sie damit außerdem die zweifarbig gestrickte M in der Mitte des Schals sowie die quer liegenden Reihen der Farbwechsel.

TIPP Für diesen Schal können Sie auch viele verschiedene Garnreste, die farblich aufeinander abgestimmt sind, verarbeiten.

Weiche Kuschelschals

Mit diesen beiden Schals darf die kalte Jahreszeit getrost kommen und sogar eine ganze Weile bleiben. Durch die dicke Wolle sind beide Modelle im Nu gestrickt.

MATERIAL

Gestreifter Schal in Pastell
Maße: 50 x 240 cm

- Lana Grossa, Qualität »Fancy«, 52 % Schurwolle, 48 % Acryl, LL 42 m per 50 g:
  - 200 g Orange Nr. 6
  - 200 g Hellblau Nr. 7
- Lana Grossa, Qualität »Cat«, 50 % Mikroviskose, 35 % Merino, 15 % Baby Alpaka, LL 85 m per 50 g:
  - 150 g Weiß Nr. 1
  - 100 g Schwarz Nr. 16
- Stricknadeln Nr. 12

Grau-weißer Schal
Maße: 23 x 200 cm

- Lana Grossa, Qualität »Tender«, 50 % Schurwolle, 40 % Mikrofaser, 10 % Acryl, LL 40 m per 50 g:
  - 250 g Schwarz-weiß Nr. 15
- Stricknadeln Nr. 8

SO WIRD'S GEMACHT

GESTREIFTER SCHAL IN PASTELL

Maschenprobe 7 M und 11 R ergeben 10 x 10 cm (mit »Fancy«).
Grundmuster In Hin-R 3 M re, 2 M li, in Rück-R die M stets so stricken, wie sie erscheinen.

1. Nehmen Sie Schwarz und Weiß zusammen, und schlagen Sie 35 M plus Rand-M an. Stricken Sie im Grundmuster 4 R Schwarzweiß meliert, 4 R Weiß, 8 R Hellblau, 6 R Orange. Den Farbrapport wiederholen. Mit Schwarz-weiß meliert nach 240 cm abketten. Die Fäden vernähen und den Schal spannen oder bügeln (→ Seite 54).

2. Für die Fransen schneiden Sie aus allen Farben 25 cm lange Fäden. Dann in Bündeln von je einem Faden pro Farbe zusammenfassen und zur Hälfte legen. Stechen Sie mit der Häkelnadel durch eine Masche am Schalrand, und ziehen Sie die Schlinge des Fadenbündels etwa 2 cm weit durch. Nun stechen Sie mit der Häkelnadel durch die Fadenschlinge und ziehen das gesamte Fadenbündel durch diese Schlinge. Vorsichtig zum Knoten anziehen. Knüpfen Sie so auf beiden Schmalseiten in jede zweite M ein Fransenbündel.

GRAU-WEISSER SCHAL

Maschenprobe 9 M und 14 R ergeben 10 x 10 cm im Grundmuster.
Grundmuster In Hin- und Rück-R immer re M stricken.

Schlagen Sie 21 M plus Rand-M an, und stricken Sie den Schal mit re M 200 cm lang. Nach dem Abketten die Fäden vernähen und den Schal spannen oder bügeln (→ Seite 54). Auf jeder Seite zehnmal je zwei 50 cm lange Wollfäden, wie oben in Schritt 2 erklärt, gebündelt einknüpfen.

Schal im Ponchoformat

Diesen wunderschönen Schal können Sie aufgrund seiner Größe wie eine Weste oder eine Decke benutzen. Ideal für draußen und drinnen!

MATERIAL

Maße: 200 x 80 cm (geteilt 40 cm)

- Lana Grossa, Qualität »Favola«, 40 % Merino, 30 % Acryl, 30 % Polyamid, LL 60 m per 50 g:
  - 250 g Weinrot Nr. 2
- Lana Grossa, Qualität »Tender«, 50 % Schurwolle, 40 % Mikrofaser, 10 % Acryl, LL 40 m per 50 g:
  - 300 g Gelb-rot meliert Nr. 11
- Lana Grossa, Qualität »Dasolo«, 87 % Merino, 13 % Polyamid, LL 75 m per 50 g:
  - 200 g Orange Nr. 3
- Stricknadeln Nr. 8
- Dicke Hilfsnadel

SO WIRD'S GEMACHT

Maschenprobe 10 M und 14 R ergeben 10 x 10 cm (mit »Dasolo«).

Grundmuster In Hin-R 4 M re, 4 M li, in Rück-R die M einfach stricken, wie sie erscheinen.

1. Gestrickt wird stets mit glattem Rand (→ Seite 8). Für die linke Hälfte schlagen Sie 2 Rand-M plus 12 M in Orange, dann 12 M in Weinrot und 12 M plus 2 Rand-M in Gelb-rot an. Stricken Sie 100 cm im Grundmuster, dann auf eine Hilfsnadel legen.

2. Für die rechte Hälfte 2 Rand-M plus 12 M in Gelb-rot, dann 12 M in Weinrot und 12 M plus 2 Rand-M in Orange anschlagen. Ebenfalls 100 cm im Grundmuster stricken.

3. In der letzten Reihe stricken Sie die zwei orangen Rand-M in Weinrot. Dann noch 2 M in Weinrot anschlagen und die 2 orangen Rand-M des linken Teils ebenfalls in Weinrot stricken. Danach alle M von der Hilfsnadel in der entsprechenden Farbfolge abstricken.

4. Das Mittelteil in Weinrot glatt li stricken (→ Grundmuster Seite 10), die übrigen M im Grundmuster. Nach 200 cm alle M abketten. Zum Schluss die Fäden vernähen und den Doppelschal spannen (→ Seite 54).

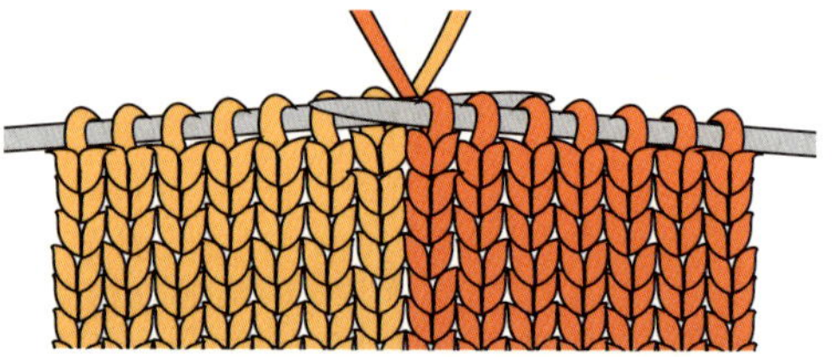

Glatter Farbwechsel bei Streifen
Liegen zwei Farben nebeneinander, für die die Fäden auf der Rückseite nicht gespannt werden, so müssen Sie die Fäden beim Wechseln überkreuzen: Stricken Sie in der Hin-R die Maschen der ersten Farbe, legen Sie den Faden nach links hinten, und holen Sie den Faden der zweiten Farbe von links hinten nach rechts über den Faden der ersten Farbe. Stricken Sie mit dieser Farbe die Maschen weiter. In der Rück-R überkreuzen Sie die Fäden vor dem Strickstück auf die gleiche Weise.

Trendy im Sixties-Stil

Die Schals im modischen Retro-Look erinnern an die sechziger Jahre. Wer die siebziger Jahre bevorzugt, tauscht die Farben gegen kräftige Orange- und Brauntöne.

MATERIAL

Pink-grüner Rippenschal
Maße: 40 x 250 cm

- Lana Grossa, Qualität »Tender«, 50 % Schurwolle, 40 % Mikrofaser, 10 % Acryl, LL 40 m per 50 g:
  - 250 g Pink-grün meliert Nr. 9
- Lana Grossa, Qualität »Dasolo«, 87 % Merino, 13 % Polyamid, LL 75 m per 50 g:
  - Je 100 g Apfelgrün Nr. 6 und Pink Nr. 4
- Stricknadeln Nr. 8

Melierter Quastenschal
Maße: 30 x 220 cm

- Lana Grossa, Qualität »Trefilo«, 100 % Schurwolle, LL 60 m per 50 g:
  - 350 g Gelb-pink meliert Nr. 205
- Stricknadeln Nr. 8

SO WIRD'S GEMACHT

PINK-GRÜNER RIPPENSCHAL

Maschenprobe 9 M und 13 R mit »Tender« ergeben 10 x 10 cm.
Grundmuster Rippenmuster: 2 M re, 2 M li im Wechsel. In Rück-R die Maschen stricken, wie sie erscheinen.

❶ Schlagen Sie mit pink-grün melierter Wolle Rand-M plus 34 M an, und stricken Sie 22 R im Grundmuster. Weiter arbeiten Sie 14 R Apfelgrün und 10 R Pink. Diesen Farbwechsel siebenmal wiederholen, zum Schluss 22 R Pink-grün meliert stricken und die Maschen locker abketten. Die Fäden vernähen und den Schal spannen (→ Seite 54).

❷ Legen Sie 1,7 m lange Fäden jeder Farbe aufeinander, und nähen Sie sie an einer Ecke des Schales zusammengefasst an. Danach legen Sie 8 cm lange Schlingen an jede Rechtsrippe einer Schmalkante und nähen sie jeweils mittig fest. Die zweite Schalkante ebenso mit Fransenschlingen verzieren.

MELIERTER QUASTENSCHAL

Maschenprobe 13 M und 19 R ergeben 10 x 10 cm.
Grundmuster Würfelmuster: 1. bis 12. R: Hin-R 10 M re, 10 M li im Wechsel. Rück-R M stricken, wie sie erscheinen. 13. bis 24. R: Hin-R 10 M li, 10 M re im Wechsel. Rück-R M stricken, wie sie erscheinen.

Schlagen Sie 40 M plus Rand-M an, und stricken Sie das Grundmuster 220 cm lang. Alle M locker abketten und den Schal spannen oder bügeln (→ Seite 54).
Für eine Quaste 15 je 30 cm lange Fäden aufeinander legen und mittig zusammenbinden. Mit dem Bindfaden an eine Schalecke nähen. Nach 1,5 cm Abstand die Quaste mit einem weiteren Faden fest umbinden und diesen in Fransenlänge kürzen. Die übrigen Schalecken ebenso mit Quasten versehen.

Schick in Schale

Hier sehen Sie, wie nur durch verschiedene Farbgebungen ein einfaches Rippenmuster völlig unterschiedlich wirkt. Warum stricken Sie nicht gleich beide Schals nach?

MATERIAL

Schal mit Längsstreifen
Maße: 34 x 240 cm

- Lana Grossa, Qualität »Caldo« und »Caldo Print«, jeweils 100 % Schurwolle, LL 35 m per 50 g:
  - Je 300 g Orange Nr. 60, Blau Nr. 71, Orange-blau meliert Nr. 7
- Stricknadeln Nr. 12

Regenbogen-Schal
Maße: 22 x 240 cm

- Lana Grossa, Qualität »Caldo«, 100 % Schurwolle, LL 35 m per 50 g:
  - Je 50 g Schwarz Nr. 73, Grau Nr. 72, Pink Nr. 63, Rot Nr. 62, Orange Nr. 60, Hellgrün Nr. 65, Dunkelgrün Nr. 66, Hellblau Nr. 70
- Stricknadeln Nr. 12

SO WIRD'S GEMACHT

Maschenprobe 8 M und 10 R ergeben 10 x 10 cm.

Grundmuster Rippenmuster: Hin-R 2 M re, 2 M li im Wechsel. Rück-R M stricken, wie sie erscheinen.

SCHAL MIT LÄNGSSTREIFEN

❶ Schlagen Sie mit Orange 2 Rand-M plus 8 M an, dann 8 M in Blau und 8 M in Blau meliert plus 2 Rand-M (glatter Rand, → Seite 8). Stricken Sie diesen Farbwechsel im Grundmuster 55 cm, dabei auf der Rückseite die Fäden überkreuzen (→ Seite 14). Nach 55 cm wechseln Sie die Farben: Über dem orangenen Streifen wird meliert, über dem melierten Streifen orange weitergestrickt. Der blaue Streifen in der Mitte verläuft durchgängig. Jeweils nach weiteren 55 cm erneut die Farben an den Seiten wechseln. Ist der Schal 220 cm lang, abketten und Fäden vernähen. Anschließend spannen (→ Seite 54).

❷ Schneiden Sie 50 cm lange Fäden, und knüpfen Sie sie mit einer Häkelnadel im Farbwechsel an den schmalen Kanten ein: Jeweils unter dem orangenen Streifen melierte Fäden, unter dem blauen die gleiche Farbe, unter den melierten die orangenen Fäden einziehen. Die Fransen ganz locker unterhalb der Kante verknoten.

REGENBOGEN-SCHAL

❶ Schlagen Sie mit Schwarz 14 M plus Rand-M an, und stricken Sie 20 R im Grundmuster. Nun folgen jeweils 10 R Grau, Pink, Rot, Orange, Hellgrün, Grau, Rot, Dunkelgrün, Hellblau, Pink, Orange, Hellblau, Dunkelgrün, Rot, Grau, Hellgrün, Orange, Rot, Pink, Grau und wieder 20 R Schwarz. Die Maschen locker abketten, Fäden vernähen und den Schal spannen oder bügeln.

❷ Zum Schluss knüpfen Sie in jede Rechtsrippe an den Schmalseiten drei je 40 cm lange schwarze Wollfäden ein.

Flauschig-samtiges Duo

Hier wird gründlich mit dem Vorurteil aufgeräumt , Schals würden kratzen. Diese weichen Modelle kommen überall gut an und sind ein tolles Geschenk.

MATERIAL

Nickischal mit Ringeln
Maße: 32 x 210 cm

- Lana Grossa, Qualität »Niki«, 100 % Mikrofaser, LL 100 m per 50 g:
  - Je 50 g Dunkelgrün Nr. 19, Dunkelrot Nr. 25, Apfelgrün Nr. 24, Knallrot Nr. 26, Gelb Nr. 23
- Stricknadeln Nr. 5,5

Flauschiger Rippenschal
Maße: 30 x 220 cm

- Lana Grossa, Qualität »Caldo«, 100 % Schurwolle, LL 35 m per 50 g:
  - 400 g Orange Nr. 60
- Lana Grossa, Qualität »Venezia«, 100 % Polyester, LL 135 m per 50 g:
  - 100 g Weinrot Nr. 2
- Stricknadeln Nr. 15

SO WIRD'S GEMACHT

NICKISCHAL MIT RINGELN

Maschenprobe 14 M und 18 R ergeben 10 x 10 cm.
Grundmuster Rippenmuster: Hin-R 4 M re, 4 M li im Wechsel. Rück-R M stricken, wie sie erscheinen.
Farbfolge Dunkelgrün, Knallrot, Apfelgrün, Dunkelrot, Gelb
Streifenbreite: 1. Streifen 22 R, 2. Streifen 10 R, 3. Streifen 4 R, 4. Streifen 10 R, 5. Streifen 14 R, 6. Streifen 4 Reihen. Diese Streifen immer wieder mit der Farbfolge wiederholen.

❶ Schlagen Sie mit Dunkelgrün 40 M plus Rand-M an, und stricken Sie im Grundmuster die angegebenen Streifenbreiten im Farbwechsel. Da es fünf verschiedene Farben, aber sechs verschiedene Streifenbreiten sind, ist der sechste Streifen wieder die erste Farbe der Farbfolge, also Dunkelgrün. So werden die Farben immer wieder in anderen Breiten gestrickt. Nach 210 cm die Maschen locker abketten, Fäden vernähen, den Schal spannen und bügeln (→ Seite 54).

❷ Für die Fransen schneiden Sie 25 cm lange Fäden aus allen Farben. Legen Sie je ein Bündel mit jeder Farbe aufeinander. Die Bündel mit der Häkelnadel an den Schmalseiten in jede zweite M locker einknüpfen.

FLAUSCHIGER RIPPENSCHAL

Maschenprobe 7 M und 9 R mit doppeltem Faden ergeben 10 x 10 cm.
Grundmuster Rippenmuster: 1 re, 1 li im Wechsel. Rück-R M stricken, wie sie erscheinen.

Gestrickt wird mit doppeltem Faden (Orange und Weinrot). Zunächst 18 M plus Rand-M anschlagen und 220 cm im Grundmuster stricken. Abketten und die Fäden vernähen. Spannen Sie den Schal oder bügeln Sie ihn vorsichtig mit Dampf. In die Kanten knoten Sie 20 cm lange Fransen aus beiden Garnen.

Kunterbunt trifft rustikal

Das junge Paar fühlt sich sichtlich wohl im fröhlich bunten Folklore-Stil und dezenter Tweed-Optik. Für Erwachsene stricken Sie die Schals einfach länger und breiter.

MATERIAL

Schal in Tweed-Optik
Maße: 30 x 180 cm

- Lana Grossa, Qualität »Colore«, 100 % Schurwolle, LL 55 m per 50 g:
  - 300 g Beige/Pastell meliert Nr. 6
- Stricknadeln Nr. 9

Bunter Bommelschlauch
Maße: 27 (rund) x 180 cm

- Lana Grossa, Qualität »Cool Wool big« und »Cool Wool Print«, beides 100 % Merino, LL 160 und 120 m per 50 g:
  - Je 50 g Orange Nr. 659, Gelb Nr. 660, Pink Nr. 664, Altrosa Nr. 650, Pink meliert Nr. 719
- Nadelspiel Nr. 5
- Kartonrest

SO WIRD'S GEMACHT

SCHAL IN TWEED-OPTIK

Maschenprobe 9 M und 12 R ergeben 10 x 10 cm.
Grundmuster Glatt re: Hin-R re M, Rück-R li M. Glatt li: Hin-R li M, Rück-R re M. Kraus re: Hin- und Rück-R re M.

Schlagen Sie 23 M plus Rand-M an, und teilen Sie die M wie folgt ein: Rand-M, 2 M kraus re, 3 M glatt re, 4 M glatt li, 5 M glatt re, 4 M glatt li, 3 M glatt re, 2 M kraus re, Rand-M.

Nach 180 cm abketten, die Fäden vernähen und den Schal spannen (→ Seite 54). An den Schmalseiten in jede zweite Masche jeweils zwei 30 cm lange Fransenfäden einknüpfen.

BUNTER BOMMELSCHLAUCH

Maschenprobe 19 M und 26 R ergeben 10 x 10 cm.
Grundmuster Glatt re in Runden

1. Schlagen Sie auf die vier Nadeln des Nadelspiels je 13 M auf, und stricken Sie glatt rechts mit folgendem Streifen- und Farbwechsel: 18 Rd Meliert, 7 Rd Pink, 4 Rd Gelb, 7 Rd Orange, 5 Rd Altrosa. Wiederholen Sie den Rapport so oft, bis Sie eine Länge von 180 cm erreicht haben. Dann abketten und vorsichtig bügeln.

2. Für die Bommel zwei Scheiben mit etwa 8 cm Durchmesser auf den Karton zeichnen, mittig mit einem Schnapsglas Kreise mit 3 bis 4 cm Durchmesser ergänzen. Diese kleineren Kreise herausschneiden und wegwerfen. Legen Sie die Scheiben aufeinander, und umwickeln Sie sie dicht an dicht im beliebigen Farbwechsel mit Wollfäden, bis das Loch in der Mitte fast zu ist. Die Wicklungen dann entlang der äußeren Kanten der Scheiben aufschneiden, einen Faden zwischen den Scheiben verknoten und den Karton abziehen. Noch einen Bommel fertigen. Nun die Kanten des Schals durch kleine Heftstiche mit einem Wollfaden zusammenziehen, vernähen und die Bommel an die Schalecken nähen.

Kuschelvariationen in Grau

Superweich und kuschelig sind diese drei Schals durch moderne Mischfasergarne. Sie sind ganz einfach gestrickt und passen fast zu jeder Garderobe.

MATERIAL

Gesprenkelter Schal
Maße: 32 x 180 cm

- Lana Grossa, Qualität »Pep Tiger«, 80 % Mikrofaser, 20 % Polyamid, LL 110 m per 50 g:
  - 200 g Grau-rot Nr. 510
- Stricknadeln Nr. 5

Pink-schwarzer Schal
Maße: 24 x 160 cm

- Lana Grossa, Qualität »Pep Blocco«, 80 % Mikrofaser, 20 % Polyamid, LL 110 m per 50 g:
  - 150 g Pink-schwarz Nr. 801
- Stricknadeln Nr. 5

Grauer Nickischal
Maße: 28 x 170 cm

- Lana Grossa, Qualität »Favola«, 40 % Merino, 30 % Acryl, 30 % Polyamid, LL 60 m per 50 g:
  - 200 g Anthrazit Nr. 9
- Stricknadeln Nr. 7

SO WIRD'S GEMACHT

GESPRENKELTER SCHAL

Maschenprobe 12 M und 18 R ergeben 10 x 10 cm.
Grundmuster 3 M re, 3 M li im Wechsel. In der Rück-R die M stricken, wie sie erscheinen. Schlagen Sie 36 M plus Rand-M an, und stricken Sie den Schal im Grundmuster. Nach 180 cm abketten, vernähen und bügeln.

PINK-SCHWARZER SCHAL

Maschenprobe Im Grundmuster glatt re: 18 M und 27 R ergeben 10 x 10 cm.
Grundmuster Glatt re: Hin-R re M, Rück-R li M. Kraus re: in Hin- und Rück-R re M.

Schlagen Sie 40 M plus Rand-M in Schwarz an, und teilen Sie die M wie folgt ein: Rand-M, 4 M kraus re, 32 M glatt re, 4 M kraus re. Nach etwa 160 cm Gesamthöhe beenden Sie den Schal erneut mit Schwarz und ketten alle M locker ab. Die Fäden vernähen und den Schal bügeln. Schneiden Sie von der Wolle 40 cm lange Fäden ab, bündeln Sie diese in Vierer-Gruppen, und knüpfen Sie die Bündel als Fransen in die beiden Schmalseiten.

GRAUER NICKISCHAL

Maschenprobe 10 M und 19 R ergeben 10 x 10 cm.
Grundmuster Glatt re: In Hin-R re M, in Rück-R li M stricken.

Schlagen Sie 27 M an, und stricken Sie im Grundmuster glatt re. In 170 cm Gesamthöhe alle M locker abketten. Vernähen Sie die Fäden, bügeln Sie den Schal, und knüpfen Sie in beide Schalenden Fransen aus je drei 40 cm langen Fäden.

HARLEY-DAVIDSON

Schwarz-weiße Rauten

Für diesen zeitlosen Schal lohnt sich das edle Material und der etwas größere Arbeitsaufwand, denn Sie werden lange Freude daran haben. Die seitlichen Fransen sorgen für Pep.

MATERIAL

Maße: 28 x 220 cm

- Lana Grossa, Qualität »Pashmina«, 22 % Kaschmir, 78 % Merino, LL 125 m per 50 g:
  - Je 200 g Naturweiß Nr. 7 und Schwarz Nr. 8
- Stricknadeln Nr. 4,5
- Kartonrest, etwa 15 x 15 cm

SO WIRD'S GEMACHT

Maschenprobe 20 M und 26 R ergeben 10 x 10 cm.

Grundmuster Glatt re: In Hin-R re M, in Rück-R li M stricken.

❶ Arbeiten Sie jede Raute mit einem extra Knäuel. Schlagen Sie 10 M Schwarz, 10 M Weiß, 10 M Schwarz, 10 M Weiß und 10 M Schwarz an, dazu ergänzen Sie beim ersten und letzten Anschlag die Rand-M.

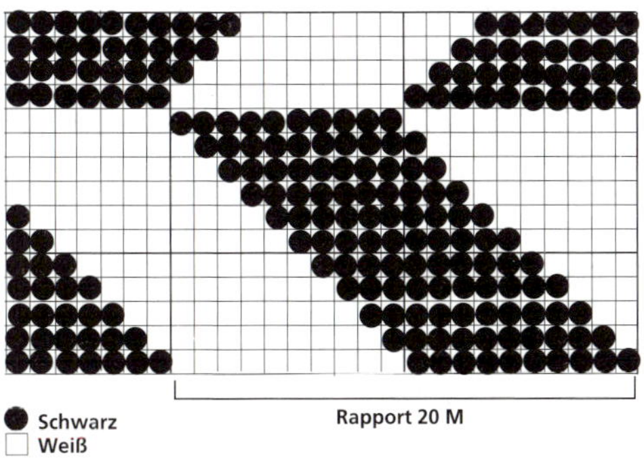

❷ Stricken Sie das Muster nach der Vorlage. Nach 220 cm die Maschen locker abketten und die Fäden vernähen. Dann den Schal spannen oder bügeln (→ Seite 54).

❸ Für die Fransen wickeln Sie die schwarze und weiße Wolle mehrfach um den Karton und schneiden die Fäden auf den gegenüberliegenden Seiten auf. Nun knüpfen Sie an den langen Schalseiten in die schwarzen Farbflächen je zweimal zwei weiße, und in die weißen Farbflächen je zweimal zwei schwarze Fransen. Die Fransen anschließend mit der Schere stutzen.

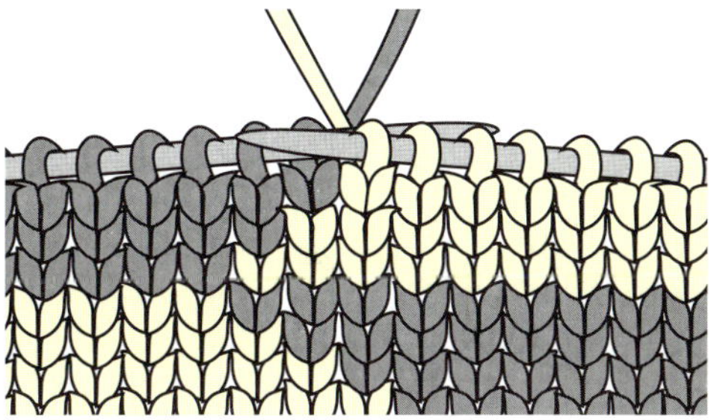

Farbwechsel bei Mustern

Wenn Sie ein Muster stricken und die Fäden auf der Rückseite nicht gespannt werden sollen, müssen die Fäden beim Farbwechsel überkreuzt werden: Legen Sie beim Wechsel den Arbeitsfaden nach links, und ziehen Sie dann die zweite Farbe hinter der Nadel über den ersten nach rechts. Mit diesem weiterstricken. In der Rück-R werden die Fäden vor den Nadeln verkreuzt.

Burlington-Muster

Immer wieder trendy ist das traditionelle Muster, das in der Regel für Pullover und Strickjacken verwendet wird. Doch auch auf einem Schal macht es sich hervorragend.

MATERIAL

Maße: 25 x 220 cm

- Lana Grossa, Qualität »Cool Wool big«, 100 % Merino, LL 120 m per 50 g:
  - 200 g Pink Nr. 664
  - 150 g Grau Nr. 617
  - 50 g Zartrosa Nr. 605
- Stricknadeln Nr. 4

SO WIRD'S GEMACHT

Maschenprobe 19 M und 30 R ergeben 10 x 10 cm.

Grundmuster Glatt re: In Hin-R re M, in Rück-R li M stricken.

1. Schlagen Sie die Maschen mit farblich getrennten Knäuel an: Rand-M plus 1 M in Pink, 21 M in Grau, 1 M in Pink, 21 M in Grau, 1 M in Pink plus Rand-M. Stricken Sie den Schal glatt re nach dem Zählmuster, die Fäden werden auf der linken Schalseite miteinander verkreuzt (→ Seite 27). Stricken Sie nur die pinkfarbenen und grauen Rauten, die hellrosa Linien werden später aufgestickt.

2. Nach 220 cm bzw. 17 Mustersätzen alle Maschen locker abketten. Fäden vernähen und den Schal spannen und mit Dampf bügeln.

3. Nun werden die hellrosa Rautenlinien mit der Stopfnadel im Maschenstich aufgestickt. Dafür stechen Sie die Nadel unterhalb einer Masche aus. Stechen Sie von oben in das

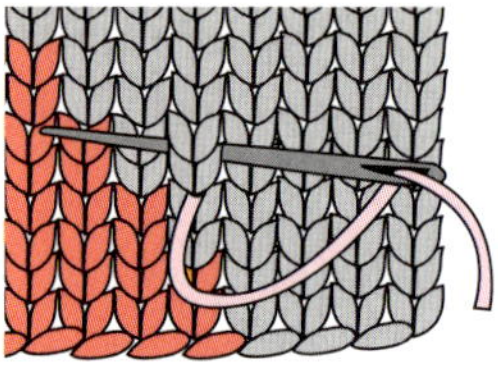

rechte obere Ende der Masche ein, und führen Sie die Nadelspitze waagerecht nach links. Auf der linken Seite des Maschenglieds wieder ausstechen und den Faden anziehen. Für die zweite Seite des Maschenstichs die Nadel von der Vorderseite zur Rückseite des Schals bei der ersten Ausstichstelle einstechen. Die nächsten Maschenstiche nach diesem Prinzip arbeiten. Richten Sie sich dabei nach der Vorlage: Ein einfaches Kästchen bedeutet Maschenstich über eine Masche, ein doppeltes Kästchen ist ein Maschenstich über zwei übereinander liegenden Maschen.

4. Zum Schluss knüpfen Sie mit der Häkelnadel 40 cm lange Fransen in die Schmalseiten des Schals, die Farbfolge können Sie beliebig wählen.

Eleganz für Sie und Ihn

Die kurzen Schals aus edler Kaschmirwolle passen zu Anzug und Kostüm genauso wie zum Freizeit-Outfit. Wolle sparen Sie für den Damenschal durch die Einstecköffnung.

MATERIAL

Herrenschal
Maße: 28 x 170 cm

- Lana Grossa, Qualität »Pashmina«, 22 % Kaschmir, 78 % Merino, LL 125 m per 50 g:
  - 250 g Braun Nr. 16
- Stricknadeln Nr. 5

Damenschal
Maße: 35 x 180 cm

- Lana Grossa, Qualität »Pashmina«, 22 % Kaschmir, 78 % Merino, LL 125 m per 50 g:
  - 300 g Rosé Nr. 5
- Stricknadeln Nr. 5
- Hilfsnadeln

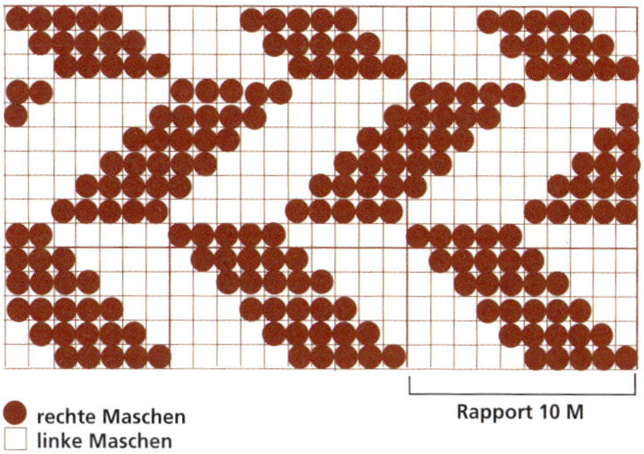

SO WIRD'S GEMACHT

HERRENSCHAL

Maschenprobe 17 M und 26 R ergeben 10 x 10 cm.

Grundmuster Rautenrelief: Braune Punkte in Hin-R re, in Rück-R li stricken, leere Kästchen in Hin-R, in Rück-R re stricken.

Schlagen Sie 45 M plus Rand-M an, und stricken Sie den Schal 170 cm lang im Grundmuster nach der Strickschrift. Abketten, Fäden vernähen und den Schal spannen (→ Seite 54). Die empfindliche Wolle auf keinen Fall bügeln!

DAMENSCHAL

Maschenprobe 16 M und 28 R ergeben 10 x 10 cm.

Grundmuster Falsches Patent: Hin-R: Rand-M, »3 M re, 1 M li«, Rand-M; Rück-R: Rand-M, 2 M re »1 M li, 3 M re«, 1 M li, 1 M re, Rand-M. Die Maschen zwischen den » « immer wiederholen.

1. Schlagen Sie 54 M plus Rand-M an, und stricken Sie im Grundmuster 95 cm. Dann bis zur Mitte stricken und die restlichen 27 M plus Rand-M auf eine Hilfsnadel legen. Mit den verbliebenen Maschen auf der Nadel im Grundmuster 15 cm hoch stricken. Nun diese Maschen stilllegen. Die Maschen der Hilfsnadel im Grundmuster ebenfalls 15 cm stricken, dann erneut das Muster über alle Maschen bis zur Gesamtlänge von 180 cm stricken.

2. Zum Schluss die Maschen locker abketten und die Fäden vernähen. Ebenso wie den Herrenschal glätten.

Mutter-Tochter-Projekt

Hier haben Mutter und Tochter gemeinsam gearbeitet und für den jeweils anderen ein Prachtexemplar in herbstlichen Farben kreiert. Wunderschön kuschelig!

MATERIAL

Grober Häkelschal
Maße: 210 x 25 cm

- Lana Grossa, Qualität »Caldo print«, 100 % Schurwolle, LL 35 m per 50 g:
  - 450 g Herbstbunt Nr. 15
- Häkelnadel Nr. 8

Ringelschal
Maße: 27 x 220 cm

- Lana Grossa, Qualität »Cool Wool big«, 100 % Merino, LL 120 m per 50 g:
  - Je 150 g Grün Nr. 662 und Terrakotta Nr. 654
  - 100 g Schwarz Nr. 627
  - 50 g Hellgelb Nr. 641
- Stricknadeln Nr. 4,5

SO WIRD'S GEMACHT

GROBER HÄKELSCHAL

Maschenprobe 6 M und 6 R ergeben 10 x 10 cm.
Grundmuster Feste M, dabei immer in das hintere Maschenglied in Hin-R bzw. vordere in Rück-R einstechen.

1 Schlagen Sie mit der Häkelnadel 126 Luft-M an. Anschließend häkeln Sie im Grundmuster 15 R. Vernähen Sie die Fäden, und spannen Sie den Schal unter feuchten Tüchern (→ Seite 54).

2 An den Schmalseiten knüpfen Sie 60 cm lange Fäden in Zweierbündeln in jedes Reihenende als Fransen ein.

RINGELSCHAL

Maschenprobe 19 M und 26 R ergeben 10 x 10 cm.
Grundmuster Rippenmuster: Hin-R 2 M re, 2 M li im Wechsel. Rück-R M stricken, wie sie erscheinen.

1 Schlagen Sie 48 M plus Rand-M an, und stricken Sie im Grundmuster folgende Streifenbreiten und -farben: 24 R Schwarz, 6 R Terrakotta, 24 R Grün, 6 R Terrakotta, 24 R Schwarz, 6 R Terrakotta, 24 R Grün, 8 R Terrakotta, 24 R Grün, 8 R Terrakotta, 24 R Grün, 48 R Terrakotta, 24 R Grün, 8 R Terrakotta, 24 R Hellgelb. Wiederholen Sie diese Streifenfolge so oft, bis Sie eine Länge von 220 cm erreicht haben.

2 Für die Fransen knüpfen Sie in jede zweite Masche an den Schmalseiten zwei 30 cm lange Garnfäden in beliebiger Farbe.

TIPP Der Häkelschal ist besonders für Häkelanfänger geeignet, denn das Grundmuster ist sehr einfach. Das dicke, melierte Garn vertuscht zudem kleinere Unregelmäßigkeiten, und der Schal ist ruck, zuck fertig. Sie werden sehen, so macht Häkeln Spaß!

Extravaganter Flauschschal

Durch die flauschige Wolle wird dieser Häkelschal richtig schön kuschelig. Sie können aber auch andere Wolle verwenden und sich so nach Lust und Laune »einkleiden«.

MATERIAL

Maße: 35 x 200 cm

- Lana Grossa, Qualität »Pep Blocco«, 80 % Microfaser, 20 % Polyamid, LL 110 m per 50 g:
  - 200 g Grün Nr. 803
- Lana Grossa, Qualität »Numero Uno«, 100 % Schurwolle, LL 125 m per 50 g:
  - 100 g Grün Nr. 128
- Häkelnadel Nr. 5
- Lineal, etwa 4 x 30 cm groß

SO WIRD'S GEMACHT

Maschenprobe 13 M und 2,5 x Rapport ergeben 10 x 10 cm.

Grundmuster In der 1. Hin-R Stäbchen, in der 2. Hin-R feste M häkeln.

1. Schlagen Sie 45 Luft-M plus 2 Wende-Luft-M an. Dann die 1. R Stäbchen in Grün »Numero Uno« häkeln. Den Faden am Ende hängen lassen, die Häkelarbeit nicht wenden.

2. Die 2. R mit »Pep Blocco« erneut von rechts nach links häkeln. Dieses Mal häkeln Sie aber feste M und dabei auch das Lineal mit ein! Dafür das Lineal über die erste Stäbchenreihe halten, in das Maschenglied der Vor-R einstechen, den Flauschfaden durch- und über das Lineal zur Oberkante ziehen. Die M am oberen Rand des Lineals ganz normal wie eine feste M abmaschen. Am Ende der R die letzte M mit »Numero Uno«

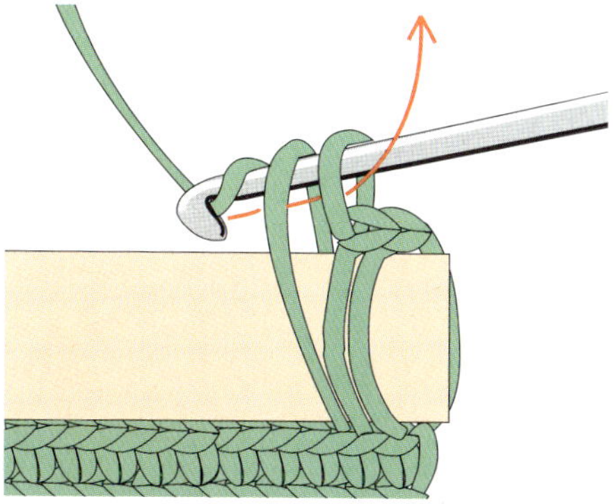

und »Pep Blocco« häkeln und die Häkelarbeit wenden. Das Lineal in der Häkelarbeit lassen, keinesfalls herausziehen.

3. Häkeln Sie 2 Wende-Luft-M mit »Numero Uno«. Anschließend eine Reihe Stäbchen zurückhäkeln, dabei jede M einzeln vom Lineal abhäkeln, sodass das Lineal wieder zum Vorschein kommt.

4. Die letzten beiden Reihen immer wiederholen, dabei immer zwei Reihen nacheinander in der gleichen Richtung häkeln. In 200 cm Länge nach der letzten Reihe Stäbchen die Arbeit beenden. Alle Fäden vernähen und den Schal spannen (→ Seite 54).

TIPP Die Musterung des Schals entsteht durch das Garn von selbst. Ist es Ihnen zu unruhig, nehmen Sie stattdessen unifarbenes Flauschgarn. Noch peppiger wird das Muster mit meliertem Flauschgarn.

Wuschel und Zopf

Der Wuschelschal ist auch für Anfänger geeignet, während Sie für den Zopfschal schon etwas Übung haben sollten. Die Zöpfe werden separat gestrickt und als Bordüre angebracht.

MATERIAL

Schokobrauner Wuschelschal
Maße: 32 x 240 cm

- Lana Grossa, Qualität »Venezia«, 100 % Polyester, LL 90 m per 50 g:
  - 100 g Schokobraun Nr. 10
- Lana Grossa, Qualität »Boston«, 49 % Schurwolle, 48 % Acryl, 1 % Elasthan, 2 % Polyamid, LL 100 m per 50 g:
  - 250 g Schokobraun Nr. 11
- Stricknadeln Nr. 7

Hellblauer Schal mit Querzöpfen
Maße: 25 x 240 cm

- Lana Grossa, Qualität »Pashmina«, 22 % Kaschmir, 78 % Merino, LL 125 m per 50 g:
  - 250 g Hellblau Nr. 6
- Stricknadeln Nr. 5
- Hilfsnadeln
- Häkelnadel Nr. 4,5

SO WIRD'S GEMACHT

SCHOKOBRAUNER WUSCHELSCHAL

Maschenprobe 11 M und 14 R mit doppeltem Faden ergeben 10 x 10 cm.
Grundmuster Fallmaschen: Hin-R »2 Umschläge (Faden zweimal um die rechte Nadel wickeln), 1 M re«, die M zwischen den » « ständig wiederholen; Rück-R li M, dabei die Umschläge fallen lassen und die M gleichmäßig hochziehen.
Kraus re: In Hin- und Rück-R re M stricken.

Mit beiden Wollqualitäten (doppelter Faden) 34 M plus Rand-M anschlagen und im Wechsel 6 R kraus re und einmal das Grundmuster stricken. Nach 240 cm die M abketten, die Fäden vernähen und den Schal spannen (→ Seite 54). In jede 3. M je 3 Fäden mit 30 cm Länge aus der »Boston«-Wolle einknüpfen.

HELLBLAUER SCHAL MIT QUERZÖPFEN

Maschenprobe 24 M und 28 R im Zopfmuster ergeben 10 x 10 cm.
Grundmuster Zöpfe → Strickschrift

1. Für den Querzopf 24 M plus Rand-M anschlagen und nach der Strickschrift 56 R stricken. Die Maschen abketten und das Strickstück vernähen. Dann stricken Sie einen zweiten Querzopf. Aus einer Längskante 46 M inkl. 4 Rand-M herausstricken und 3 M re, 3 M li im Wechsel stricken. Nach 8 R und dann immer nach 16 R Noppen (→ Strickschrift, Seite 37) in die rechten Rippen einstricken. Nach 210 cm die M locker abketten, Fäden vernähen. Den zweiten Querzopf annähen. Schal unter feuchten Tüchern spannen (→ Seite 54) und trocknen lassen.

2. Für die Fransen häkeln Sie eine Kett-M in eine Ecke. Dann 30 Luft-M anschlagen, in

die 3. M des schmalen Schalrandes eine Kett-M arbeiten. So lange wiederholen, bis Sie an der gegenüberliegenden Seite angelangt sind. Zweite Fransenkante genauso arbeiten.

- ● **1 M li**
- □ **1 M re**
- ○ **1 Noppe: Aus der M 5 M herausstricken, dafür im Wechsel vorne und hinten im Maschenglied einstechen und eine M herausholen, Arbeit wenden, 5 M li stricken, wenden, die erste M re stricken, die nächste abheben, 1. über die 2. überziehen, alle M so überziehen**
- / **1 M auf eine Hilfsnadel hinter die Arbeit legen, 3 M re, die M der Hilfsnadel li stricken**
- \ **3 M auf eine Hilfsnadel vor die Arbeit legen, 1 M li, die M der Hilfsnadel re stricken**
- ⁀●⁀ **4 M auf eine Hilfsnadel vor die Arbeit legen, 3 M re, die letzte M der Hilfsnadel li stricken, die 3 M der Hilfsnadel re stricken**

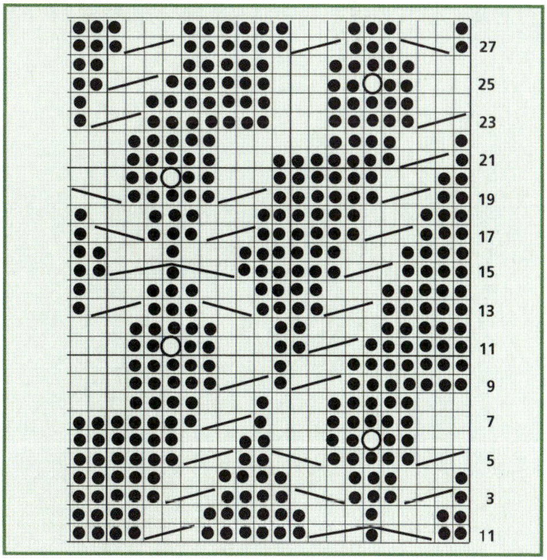

Tunesischer Häkelschal

Die tunesische Häkeltechnik ist viel einfacher als sie aussieht und daher auch für Anfänger geeignet. Da die Maschen auf der Nadel bleiben, erinnert die Technik ans Stricken.

MATERIAL

Maße: 35 x 220 cm

- Lana Grossa, Qualität »Cool Wool big«, 100 % Merino, LL 120 m per 50 g:
  - Je 200 g Wollweiß Nr. 601, Camel Nr. 619
  - Je 150 g Blau Nr. 656, Braun Nr. 647
- Tunesische Häkelnadel Nr. 4

SO WIRD'S GEMACHT

Maschenprobe 14 M und 20 R ergeben 10 x 10 cm.

Grundmuster Tunesische Häkelei. Sie benötigen eine tunesische Häkelnadel, deren Schaft ungefähr 25 cm lang ist. Die Nadel erhalten Sie im Woll- oder Kurzwarenladen.

1. Schlagen Sie 50 Luft-M in Camel an. In der 1. Hin-R aus jedem Maschenglied der Luftmaschen eine Masche durch Einstechen und Fadenholen heraushäkeln. Die M bleiben dabei auf der Häkelnadel.

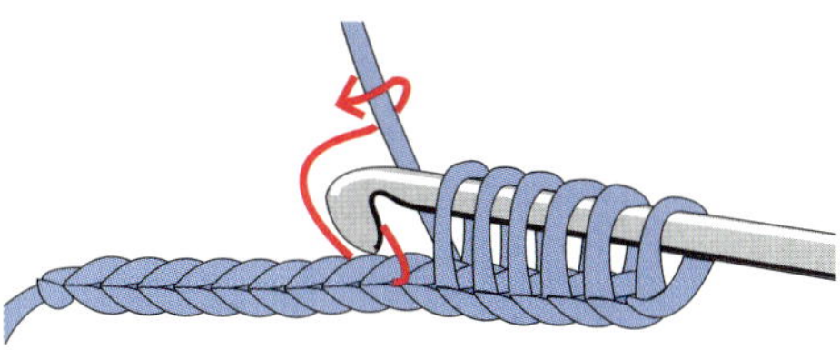

2. In der Rück-R holen Sie mit der Nadel nach der letzten M den Faden durch die letzte M. Dann erneut den Faden mit dem

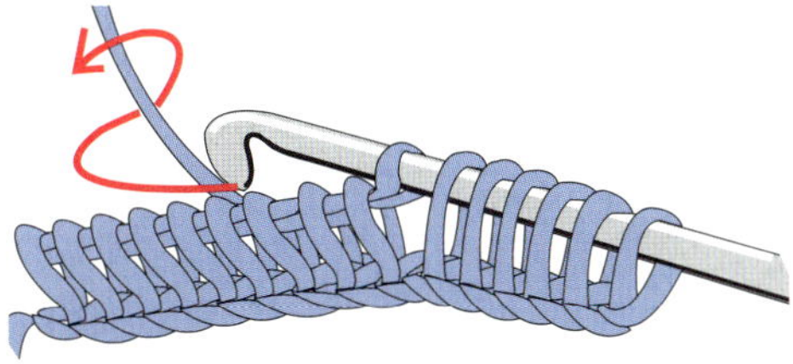

Haken der Nadel holen und durch die nächsten zwei Schlingen ziehen. Dadurch wird die nächste Masche abgemascht. So lange fortsetzen, bis Sie wieder am Anfang der Reihe sind und nur noch eine M vom Abmaschen der letzten Reihe auf der Nadel haben.

3. Die Hin- und Rück-R laufend wiederholen. Dabei in der Hin-R die Nadel immer in das senkrechte Maschenglied einstechen. Wechseln Sie die Wollfarben wie folgt: 8 R Camel, 4 R Blau, 8 R Wollweiß, 4 R Braun. Nach 220 cm schneiden Sie den Faden ab und ziehen ihn durch die letzte Masche. Faden vernähen und den Schal bügeln oder spannen (→ Seite 54).

4. Für die Fransen fünf je 60 cm lange camelfarbene Fäden in jede 2. M der Schmalseiten knüpfen. Dann aus den zehn Fäden jeweils einen 8 cm langen Zopf flechten, den Rest hängen lassen.

TIPP Möchten Sie die tunesische Häkeltechnik erst einmal ausprobieren, geht das auch mit einem Anschlag von 10 M auf einer normalen Häkelnadel ohne Schaftverdickung.

Feurig rote Versuchung

Der gemütliche Schal wärmt durch die dicke Wolle und seine feurige Farbe Körper und Seele. Seien Sie gewiss, er entfacht garantiert überall Flammen der Begeisterung.

MATERIAL

Maße: 40 x 220 cm

- Lana Grossa, Qualität »Caldo«, 100 % Schurwolle, LL 35 m per 50 g:
  - 800 g Rot Nr. 62
- Stricknadeln Nr. 12
- Dicke Hilfsnadeln

SO WIRD'S GEMACHT

Maschenprobe 8 M und 10 R ergeben 10 x 10 cm.

Grundmuster Nach der Strickschrift stricken, gezeigt sind nur die Hin-R. In den Rück-R die Maschen stricken, wie sie erscheinen. Umschläge in der Rück-R li stricken.

1 Schlagen Sie 31 M plus Rand-M an, und stricken Sie nach der Strickschrift. Wiederholen Sie die Reihen 1 bis 16 immer wieder, bis der Schal 220 cm lang ist.

2 Vernähen Sie die Fäden, und bügeln Sie den Schal vorsichtig mit Dampf unter einem feuchten Tuch, oder spannen Sie ihn (→ Seite 54).

3 Für die Fransen schneiden Sie etwa 50 cm lange Fäden ab. Am besten, Sie nehmen dafür eine Stuhllehne oder Ähnliches zu Hilfe.

4 Arbeiten Sie in jede Schmalkante 13 Fransenbündel aus je vier aufeinander gelegten Garnfäden. Die Knoten gut anziehen.

TIPP Wenn Sie den Schal ohne Fransen arbeiten wollen, benötigen Sie nur 700 g Wolle. Auch dann ist er noch lang genug.

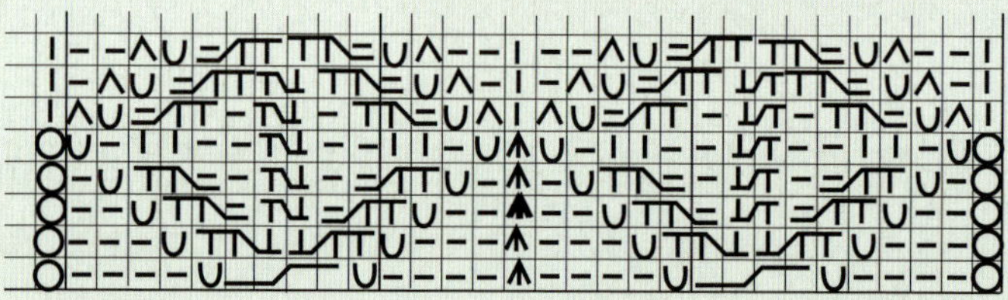

- – 1 M li
- I 1 M re
- O 1 M li abheben, 1 M li stricken, abgehobene Masche überziehen
- U 1 Umschlag (Faden einmal um die Nadel wickeln)
- Λ 2 M li zus.stricken
- ⩚ 2 M zus. re abheben, 1 M re, die abgehobene Masche überziehen
- 1 M auf Hilfsnadel hinter die Arbeit legen, 2 M re, die M der Hilfsnadel re stricken
- 2 M auf eine Hilfsnadel vor die Arbeit legen, 1 M re, die M der Hilfsnadel re stricken
- 1 M auf eine Hilfsnadel hinter die Arbeit legen, 2 M re, die M der Hilfsnadel li stricken
- 2 M auf eine Hilfsnadel vor die Arbeit legen, 1 M li, die M der Hilfsnadel re stricken
- 1 M auf eine Hilfsnadel hinter die Arbeit legen, 1 M re, die M der Hilfsnadel re stricken
- 2 M auf eine Hilfsnadel hinter die Arbeit legen, 2 M re, die M der Hilfsnadel re stricken

Edler Rüschenschal

Hier wird der hübsche Materialmix durch eine schräge Rüsche hervorgehoben. Das ist gar nicht so schwer und eine spannende Herausforderung für fortgeschrittene Strickfans.

MATERIAL

Maße: 35 x 220 cm

- Lana Grossa, Qualität »Pulcino«, 50 % Merino extrafein, 15 % Kidmohair, 35 % Acryl. LL 100 m per 50 g:
  - 200 g Blau Nr. 9
  - 50 g Hellbraun Nr. 24
- Lana Grossa, Qualität »Pep Tiger«, 80 % Mikrofaser, 20 % Polyamid, LL 110 m per 50 g:
  - 150 g Blau-braun meliert Nr. 515
- Stricknadeln Nr. 6, Hilfsnadel

SO WIRD'S GEMACHT

Maschenprobe 12 M und 17 R mit »Pulcino« im Grundmuster Schal ergeben 10 x 10 cm.
Grundmuster Schal: 2 M re, 2 M li im Wechsel. Rüsche: 4 M re, 4 M li im Wechsel. Die Rückreihen stricken, wie sie erscheinen.

❶ Schlagen Sie mit »Pep Tiger« 60 M plus Rand-M an, und stricken Sie 15 cm im Grundmuster Rüsche. Nun beginnt die Schräge: 1. R: Stricken Sie mit Hellbraun die Rand-M, dann zweimal 2 M re zusammen, die Fäden auf der Rückseite überkreuzen (→ Seite 27) und weiter mit der melierten Wolle. 2. R und alle übrigen Rück-R: Stricken Sie die M, wie Sie im Maschenbild und der Farbe erscheinen.

❷ 3. R: Rand-M in Blau, 2 M Hellbraun auf eine Hilfsnadel vor die Arbeit, zweimal 2 M re zus.str. mit Blau, die M der Hilfsnadel re in Hellbraun stricken, weiter in Meliert. 5. R: Rand-M und 2 M re in Blau, 2 M in Hellbraun auf eine Hilfsnadel vor die Arbeit legen, zweimal 2 M li zus.str. mit Blau, die M der Hilfsnadel re hellbraun stricken, weiter mit melierter Wolle. 7. R und alle weiteren ungeraden R: Rand-M, Grundmuster Schal in Blau bis zur braunen Schräge, 2 M re in Hellbraun auf die Hilfsnadel vor die Arbeit legen, zweimal 2 M entsprechend des Grundmusters des Schals in Blau zus.str., die 2 M der Hilfsnadel re in Hellbraun stricken, weiter mit der melierten Wolle. Nach der 15. R endet die Schräge auf der linken Seite.

❸ 50 cm mit Blau im Grundmuster Schal stricken, dann erneut eine Schräge arbeiten, aber ohne das Zusammenstricken der Maschen: Der Rand ist braun, die Schräge selbst meliert. Nach 50 cm Blau eine weitere Schräge arbeiten. Nach weiteren 50 cm blau wieder mit einer schrägen Rüsche abschließen. Dabei werden anstelle des Zusammenstrickens aus jeweils 2 re M 4 re M, aus 2 li M 4 li M entlang der Schräge mit melierter Wolle herausgestrickt. Beim re herausstricken, den Faden wie bei einer re M einmal vorne und einmal hinten durch das Maschenglied holen, dann erst von der Nadel gleiten lassen. Beim li Herausstricken ebenfalls den Faden einmal vorn und einmal hinten wie bei einer li M stricken und durch das Maschenglied ziehen.

❹ Die Rüsche nach Beendigung der Schräge noch 15 cm stricken. Abketten, die Fäden vernähen und den Schal vorsichtig bügeln.

Zart und warm in Pastell

Der eine Schal liegt leicht wie eine Feder um dem Hals, der andere ist schön gewichtig. Beide halten wohlig warm, vor allem aber sehen sie klasse und edel aus.

MATERIAL

Weißer Zopfschal
Maße: 28 x 220 cm

- Lana Grossa, Qualität »Fumo«, 29 % Merino, 20 % Kidmohair, 28 % Acryl, 23 % Polyamid, LL 120 m per 50 g:
  - 150 g Naturweiß Nr. 2
- Stricknadeln Nr. 8
- Hilfsnadel

Hellblau-weißer Patentschal
Maße: 35 x 240 cm

- Lana Grossa, Qualität »Due«, 50 % Merino, 50 % Acryl, LL 55 m per 50 g:
  - Je 400 g Naturweiß Nr. 1 und Hellblau Nr. 12
- Rundstricknadel Nr. 7

SO WIRD'S GEMACHT

WEISSER ZOPFSCHAL

Maschenprobe 16 M und 18 R ergeben 10 x 10 cm.

Grundmuster Zopf: 1., 3. und 5. R: Rand-M, »2 M li, 8 M re«, Rand-M. 2. und alle weiteren Rück-R: M stricken, wie sie erscheinen. 7. R: Rand-M, »2 M li, 4 M auf eine Hilfsnadel hinter die Nadel, 4 M re, M der Hilfsnadel re stricken«, Rand-M. Die M zwischen den » « immer wiederholen. 8. bis 10. R wie 2. bis 4. R. Die 1. bis 10. R immer wiederholen.

1. Schlagen Sie 44 M an, und stricken Sie im Grundmuster 220 cm. Die M locker abketten und die Fäden vernähen. Anschließend spannen (→ Seite 54).

2. Knüpfen Sie in jede M der Schmalseiten eine 60 cm lange Franse. Dann je 28 Fransen in drei Bündel aufteilen und daraus einen lockeren, etwa 5 cm langen Zopf flechten. Einen Faden unterhalb des Zopfes umbinden und verknoten.

HELLBLAU-WEISSER PATENTSCHAL

Maschenprobe 8 M und 24 R ergeben 10 x 10 cm.

Grundmuster → Strickschrift. Es werden immer zwei Hin-R in Blau und Weiß, und dann zwei Rück-R in Blau und Weiß gearbeitet.

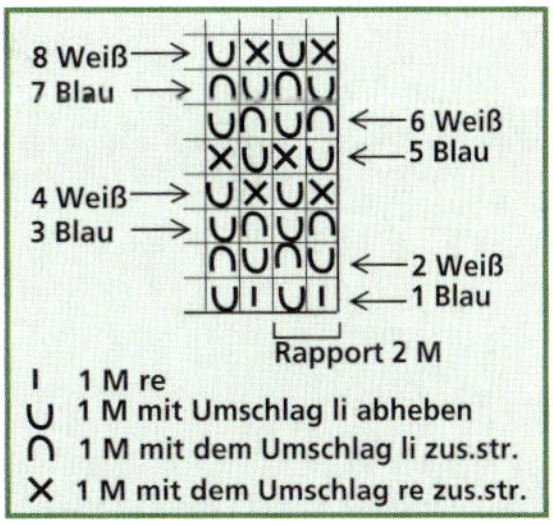

1. 28 M plus Rand-M in Blau anschlagen und nach der Strickschrift arbeiten, in der Breite laufend den Rapport wiederholen. Nach der blauen Reihe die Nadel zurück zum Anfang schieben und die weiße Reihe arbeiten, dann das Strickstück wenden. Nach 240 cm abketten und Fäden vernähen.

2. Schneiden Sie 40 cm lange Fransen in Blau und Weiß, und knüpfen Sie sie abwechselnd in die Ränder.

Schal im Country-Stil

Der Tweed-Zopf-Schal ist ein echter Klassiker in Material, Farbe und Muster. Praktischerweise ist er durch seine ruhigen Farben für Damen und Herren gleichermaßen geeignet.

MATERIAL

Maße: 25 x 220 cm

- Lana Grossa, Qualität »Royal Tweed«, 100 % Merino, LL 100 m per 50 g:
  - Je 100 g Grün Nr. 16, Rot Nr. 21, Braun Nr. 17, Camel Nr. 13, Beige Nr. 1
- Stricknadeln Nr. 6
- Hilfsnadel

SO WIRD'S GEMACHT

Maschenprobe 16 M und 16 R ergeben 10 x 10 cm.

Grundmuster → Strickschrift. In den Rück-R die Maschen stricken, wie sie erscheinen.

❶ Schlagen Sie mit Grün 39 M plus Rand-M an, und stricken Sie die Reihe 13–42. Mit Rot stricken Sie die Reihe 43–48, weiter 1–12. Mit Camel die Reihe 13–42, mit Braun die Reihe 43–48 und 1–12. Weiter mit Rot die Reihen 13–42, mit Beige die Reihen 43–48 und 1–12. Nun den Farbrapport Grün, Rot, Camel, Braun, Rot, Beige in den angegebenen Streifenbreiten immer wiederholen. Nach 220 cm den Schal mit einem grünen Streifen beenden.

❷ Die M locker abketten und die Fäden vernähen. Anschließend den Schal mit feuchten Tüchern spannen und gut trocknen lassen (→ Seite 54). Oder Sie bügeln ihn vorsichtig mit dem Dampfbügeleisen.

❸ Schneiden Sie 50 cm lange Fäden aus allen Farben, und knüpfen Sie von der Mitte aus jeweils in Zopfbreite 2 Fäden ein. In der Mitte 5 grüne, dann 4 beigefarbene, 5 rote und 2 braune Fransen zu jeder Seite einknüpfen. Die Knoten locker anziehen.

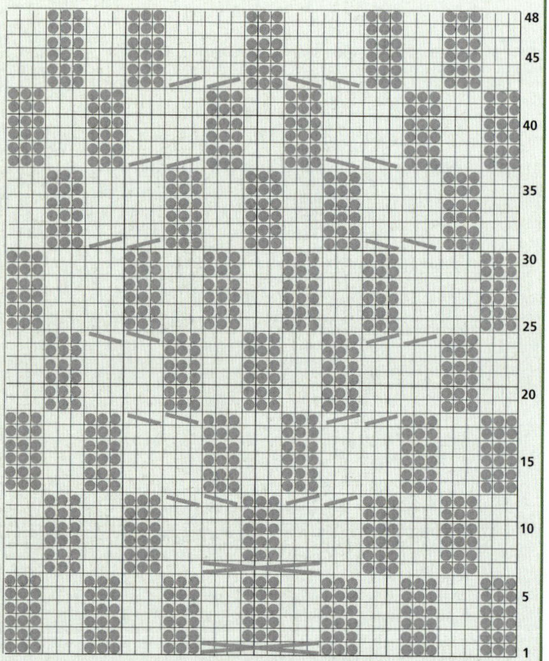

● li M
□ re M

3 M auf eine Hilfsnadel nach vorne legen, 3 M li, die M der Hilfsnadel re stricken
3 M auf eine Hilfsnadel nach hinten legen, 3 M re, die M der Hilfsnadel re stricken

6 M auf eine Hilfsnadel nach hinten legen, 3 M re, die letzten 3 M der Hilfsnadel li stricken, die übrigen 3 M der Hilfsnadel re stricken

Folklore ganz modern

Traditionelle Farben und Muster werden in diesem Strickschal modisch übersetzt. Die Muster werden teils eingestrickt, teils aufgestickt.

MATERIAL

Maße: 20 x 220 cm

- Lana Grossa, Qualität »Due«, 50 % Merino, 50 % Acryl, LL 55 m per 50 g:
  - 250 g Schwarz Nr. 28
  - Je 50 g Rot Nr. 33, Weiß Nr. 1, Grün Nr. 30
- Stricknadeln Nr. 7

SO WIRD'S GEMACHT

Maschenprobe 13 M und 15 R ergeben 10 x 10 cm.

Grundmuster Glatt re: in Hin-R re M, in Rück-R li M. Einstrickmuster → Zeichnung. Stickmuster → Vorlage.

❶ Schlagen Sie 25 M plus Rand-M mit schwarzer Wolle an, und stricken Sie 30 cm im Grundmuster glatt re. Stricken Sie das Einstrickmuster ein, dabei auf der Rückseite

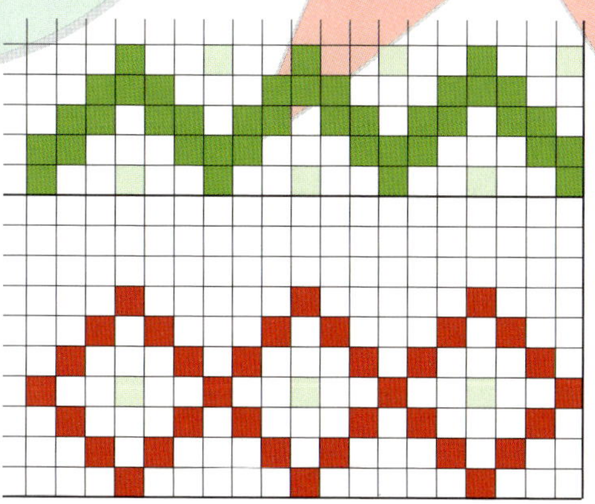

die Fäden spannen. Nach 20 R durchgehend Schwarz erneut das Einstrickmuster arbeiten, nach dem vierten Einstrickmuster noch 30 cm glatt re stricken und dann die M abketten.

❷ Vernähen Sie die Fäden, spannen Sie den Schal (→ Seite 54), oder bügeln Sie ihn mit Dampf. Dann wenden Sie den Schal auf die linke Seite und fädeln schwarze Wolle in eine Stopfnadel. Nähen Sie mit kurzen Heftstichen schräg über die Spannfäden des Einstrickmusters, und stechen Sie immer wieder in ein Maschenglied aus schwarzer Wolle ein. So verhindern Sie, dass Sie mit den Spannfäden hängen bleiben.

❸ Nun sticken Sie die Blütenblätter, die Blätter und die Blütenmitte mit Plattstich auf. Dafür einen Stich dicht neben dem anderen in Blattbreite auf den Schal sticken. Wer will, überträgt dafür zuvor die Vorlage auf Papier, schneidet sie aus und heftet sie auf den Schal.

❹ Fädeln Sie einen schwarzen Wollfaden in die Nadel, und ziehen Sie diese mit kleinen Heftstichen durch eine Schmalseite. Den Faden an beiden Seiten fest zusammenziehen und die Enden vernähen. Die andere Schmalseite ebenso kräuseln.

❺ Schneiden Sie 15 je 50 cm lange schwarze Fäden ab, und bündeln Sie diese in der Mitte mit einem langen Faden. Flechten Sie mit den Fransen einen Zopf. Mit dem Faden in der Mitte am Schalende festnähen. Die andere Seite ebenso verzieren.

Blüten und Ranken

Der hübsche Schal ist in einfachen Grundmustern gestrickt und besticht durch sein schönes Material. Die besondere Note erhält er durch aufgestickte Blütenranken.

MATERIAL

Maße: 30 x 200 cm

- Lana Grossa, Qualität »Bingo Mouliné«, 100 % Schurwolle, LL 80 m per 50 g:
  - Je 150 g Beige Nr. 811 und Hellgrau Nr. 809
- Lana Grossa, Qualität »Royal Tweed«, 100 % Merino, LL 100 m per 50 g:
  - Je 50 g Hellblau Nr. 18 und Hellbraun Nr. 13
- Stricknadeln Nr. 6

SO WIRD'S GEMACHT

Maschenprobe 15 M und 20 R glatt re ergeben 10 x 10 cm.

Grundmuster I Glatt re: In Hin-R re M, in Rück-R li stricken.

Grundmuster II 4 M re, 4 M li im Wechsel. In der Rückreihe die M stricken, wie sie erscheinen.

❶ Zum Stricken verwenden Sie die »Bingo Mouliné«-Wolle: Schlagen Sie 40 M plus Rand-M in Beige an, und stricken Sie 18 R im Grundmuster II. Dann stricken Sie 30 R im Grundmuster I mit Hellgrau. Weiter geht's im Grundmuster II: Zunächst 18 R in Beige, dann 14 R in Hellgrau stricken. Diese beiden Streifen insgesamt neunmal wiederholen, danach mit 18 R Beige im Grundmuster II abschließen. Jetzt wieder 30 R Grundmuster I in Hellgrau stricken und mit 18 R im Grundmuster II in Beige enden.

❷ Ketten Sie die Maschen locker ab, und vernähen Sie die Fäden. Anschließend den Schal mit Dampf bügeln, bis er glatt liegt.

❸ Schneiden Sie 40 cm lange hellgraue Fransen ab, und bündeln Sie jeweils 12 davon mit einem längeren Faden in der Mitte. Den Faden verknoten. Dann das Bündel zusammengefasst etwa 1,5 cm unterhalb der Bindung erneut verknoten. Arbeiten Sie so zwölf Quasten, und nähen Sie sie an den Schmalseiten mittig in jede zweite Schalrippe und an den Ecken an.

❹ Nun sticken Sie die Blüten in Hellblau und die Ranke in Hellbraun auf die hellgrauen, glatt re gestrickten Schalenden (Vorlagen übertragen). Für die Blüten sticken Sie in der Mitte ein Oval aus Vorstichen.

❺ Die Blütenblätter am Oval ausstechen, die Nadelspitze wieder an der Ausstichstelle einstechen, dabei eine Schlinge zurück lassen. Die Nadel auf der Rückseite in Blattlänge entlangführen und wieder ausstechen. Dabei liegt die Fadenschlinge unter der Nadelspitze. Faden locker anziehen, nun einen kleinen Stich über die Fadenschlinge hinaus zur Rückseite stechen. Die Nadel auf der Rückseite zur nächsten Ausstichstelle führen.

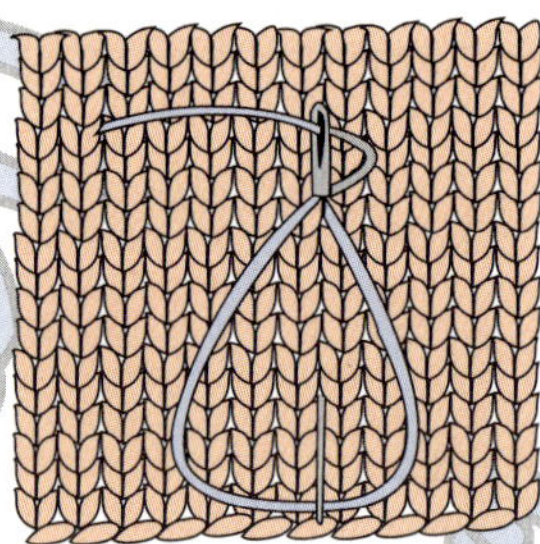

Meliert für Groß und Klein

Hier überlegt sich die Kleine, ob sie ihren Schal nicht doch lieber mit Papas tauschen möchte. Schließlich fällt die Auswahl schwer, denn beide Schals sind superschick.

MATERIAL

Schwarz-weiß meliert
Maße: 35 x 210 cm

- Lana Grossa, Qualität »Bingo Mouliné«, 100 % Schurwolle, LL 80 m per 50 g:
  - 250 g Grau meliert Nr. 802
  - 100 g Blau meliert Nr. 807
  - 50 g Rot meliert Nr. 804
- Stricknadeln Nr. 5,5

Blau melierter Schal
Maße: 30 x 210 cm

- Lana Grossa, Qualität »Trefilo«, 100 % Schurwolle, LL 60 m per 50 g:
  - 300 g Blau meliert Nr. 5
- Stricknadeln Nr. 8

SO WIRD'S GEMACHT

SCHWARZ-WEISS MELIERT

Maschenprobe 14 M und 19 R ergeben 10 x 10 cm.

Grundmuster 2 re, 2 li im Wechsel. In den Rück-R M stricken, wie sie erscheinen.

1 Schlagen Sie 48 M plus Rand-M an, und stricken Sie im Grundmuster 26 R in Grau meliert, 6 R in Rot meliert und 6 R in Blau meliert. Diesen Rapport immer wiederholen. Nach 210 cm die M locker abketten. Die Fäden vernähen und den Schal spannen (→ Seite 54) oder vorsichtig mit Dampf bügeln.

2 Schneiden Sie aus allen Farben 20 cm lange Fransen, und knüpfen Sie in jede Rippe jeweils vier Fransen einer Farbe. Dabei im Wechsel zwei grau melierte, ein rot meliertes, zwei grau melierte und ein blau meliertes Bündel einarbeiten.

BLAU MELIERTER SCHAL

Maschenprobe 7 M und 22 R ergeben 10 x 10 cm.

Grundmuster Patentmuster: → Strickschrift

1 Schlagen Sie 20 M plus Rand-M an, und stricken Sie nach der Strickschrift. Wiederholen Sie nach den ersten 8 R ständig die Reihen 5–8.

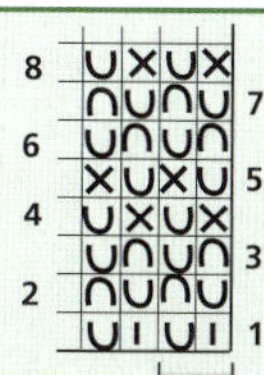

Rapport 2 M

I 1 M re
U 1 M mit Umschlag li abheben
∩ 1 M mit dem Umschlag li zus.str.
X 1 M mit dem Umschlag re zus.str.

Nach 210 cm die M locker abketten.

2 Vernähen Sie die Fäden, und spannen Sie den Schal. Dann jeweils drei 45 cm lange Fransen in jede zweite Rippe knüpfen.

TIPP Ein Patentmuster verschluckt viel Wolle, da nur jede zweite Reihe als Masche erscheint. Dadurch wirkt es aber sehr plastisch und hält warm!

Pretty in Pink

Warum gehen Sie nicht einmal mit Ihrer besten Freundin dieses Schal-Strick-Projekt an? Der Spaß beginnt schon beim gemeinsamen Einkaufen der Wolle.

MATERIAL

Ajourschal — **Rippenschal**
Maße: 30 x 230 cm — **35 x 180 cm**

- Lana Grossa, Qualität »Fumo«, 29 % Merino, 20 % Kidmohair, 28 % Acryl, 23 % Polyamid, LL 120 m per 50 g:
  - Pro Schal 200 g Pink Nr. 7
- Stricknadeln Nr. 6 und 7

SO WIRD'S GEMACHT

AJOURSCHAL

Maschenprobe mit Nadel Nr. 7: 13 M und 16 R ergeben 10 x 10 cm.
Grundmuster Stricken Sie nach der Strickschrift: den Rapport in Breite und Höhe immer wiederholen. Gezeigt sind nur die Hin-R, in den Rück-R werden die Maschen gestrickt, wie sie erscheinen. Umschläge dabei li stricken.

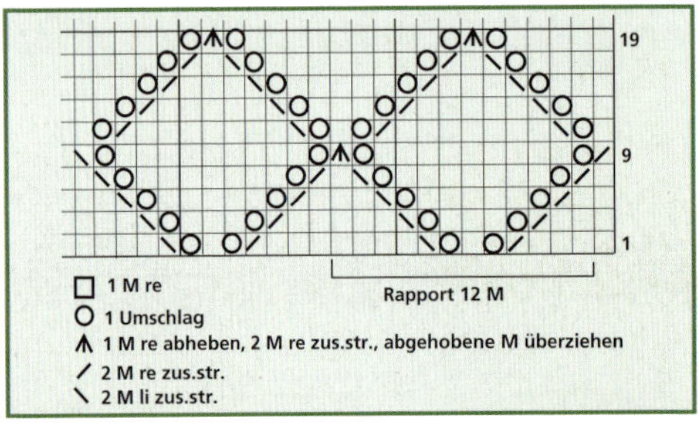

❶ Schlagen Sie 37 M plus Rand-M an, und stricken Sie den Rapport dreimal in der Breite ein. Nach 230 cm locker abketten, die Fäden vernähen und den Schal spannen.

❷ Für die langen Fransen schneiden Sie 60 cm lange Fäden ab, und knüpfen sie an den Schmalseiten in Zweierbündeln in jede M.

RIPPENSCHAL

Maschenprobe mit Nadel Nr. 6: 12 M und 19 R ergeben 10 x 10 cm.
Grundmuster Rippenmuster: 3 M re, 3 M li im Wechsel. In Rück-R die Maschen stricken, wie sie erscheinen.

❶ Schlagen Sie 51 M plus Rand-M an, und stricken Sie im Rippenmuster. Nach 180 cm Länge ketten Sie die Maschen locker ab. Vernähen Sie die Fäden. Danach spannen Sie den Schal unter feuchten Tüchern und lassen ihn trocknen.

❷ Schneiden Sie 80 cm lange Fäden für die Fransen ab, und knüpfen Sie jeweils zwei davon in jede Rippe.

Schal spannen
Wenn Sie eine Wollqualität nicht bügeln dürfen, können Sie den Schal spannen, um ihn zu glätten. Dafür falten Sie den Schal quer zur Hälfte und legen ihn auf ein Bügelbrett oder den Teppichboden. Nun stecken Sie Stecknadeln senkrecht in den Ecken und entlang der Kanten durch den Schal in das Bügelbrett bzw. in die Teppichfasern. Mit feuchten Tüchern bedecken und über Nacht trocknen lassen.

Schal mit Wellenmuster

Der Schal kann vielseitig kombiniert werden. Er wird aus sechs Farben gestrickt und passt zu nahezu jeder Jackenfarbe. Von elegant bis rustikal und verspielt ist jedes Styling möglich.

MATERIAL

Maße: 38 x 230 cm

- Lana Grossa, Qualität »Cat«, 50 % Mikroviskose, 35 % Merino, 15 % Baby Alpaka, LL 85 m per 50 g:
  - Je 100 g Beige Nr. 3, Grün Nr. 13, Orange Nr. 11
- Lana Grossa, Qualität »Pulcino«, 50 % Merino extrafine, 15 % Kidmohair, 35 % Acryl, LL 100 m per 50 g:
  - 50 g Grau Nr. 23
- Lana Grossa, Qualität »Niki«, 100 % Mikrofaser, LL 100 m per 50 g:
  - Je 50 g Apfelgrün Nr. 24 und Lachsfarben Nr. 14
- Stricknadeln Nr. 5,5

SO WIRD'S GEMACHT

Maschenprobe 15 M und 18 R mit »Cat« ergeben 10 x 10 cm.

Grundmuster Stricken Sie nach der Strickschrift, dabei sind Hin- und Rück-R gezeichnet. Die 1. bis 14. R stricken, dann die 3. bis 14. R stets wiederholen.

1 Schlagen Sie 55 M plus Rand-M in Grau an, und stricken Sie im Grundmuster, dabei nach dem ersten Mustersatz die Reihen 3 bis 14 immer wiederholen. Für die Streifen verwenden Sie die Farben in folgender Reihenfolge: 2 R Grau, »je 6 R Beige, Apfelgrün, Grün, Lachs, Orange, Grau«. Die Farbfolgen zwischen den » « immer wiederholen.

2 Nach 230 cm Länge beenden Sie den Schal mit 2 R Grau in li M. Dann die M locker abketten, die Fäden vernähen und den Schal spannen (→ Seite 54).

TIPP Das Zickzackmuster ergibt sich spätestens nach der 4. Reihe von selbst, also zweifeln Sie nicht an Ihren Strickfähigkeiten, wenn sich nicht gleich am Anfang die Wellen zeigen. Der Reiz des Musters liegt im Wechsel von Flauschgarn zu Flachgarn. Natürlich können Sie den Schal auch in Ihren Lieblingsfarben stricken. Achten Sie beim Wollkauf aber darauf, dass Sie jede Farbe in beiden Qualitäten erhalten.

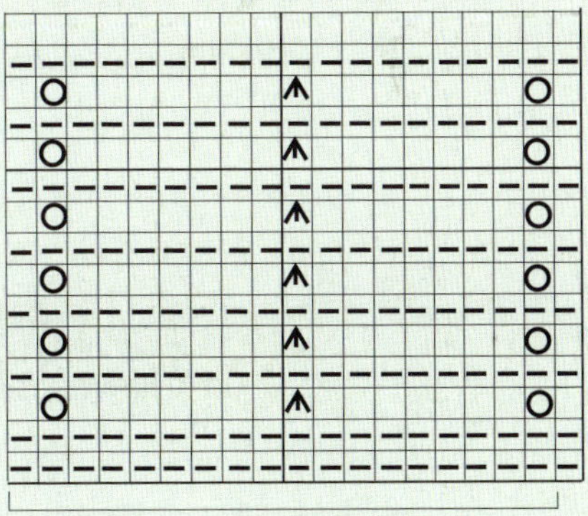

Rapport 18 M

- – 1 M li
- □ 1 M re
- O 1 Umschlag
- ⋀ 1 M re abheben, 2 M re zus.str., die abgehobene M überziehen

Perlmuster und Ajour

Hier sind die passenden Schals für frostige Tage! Der Perlmusterschal besticht durch die vielen verschiedenen Blautöne, der rosa Schal durch sein zartes Lochmuster.

MATERIAL

Rosa Ajourschal
Maße: 25 x 160 cm

- Lana Grossa, Qualität »Fumo«, 29 % Merino, 20 % Kidmohair, 28 % Acryl, 23 % Polyamid, LL 120 m per 50 g:
  - 100 g Zartrosa Nr. 4
- Stricknadeln Nr. 6

Perlmusterschal
Maße: 30 x 220 cm

- Lana Grossa, Qualität »Pulcino«, 50 % Merino, 15 % Kidmohair, 35 % Acryl, LL 100 m per 50 g:
  - 50 g Hellblau Nr. 18
- Lana Grossa, Qualität »Niki«, 100 % Mikrofaser, LL 100 m per 50 g:
  - 50 g Hellblau Nr. 6
- Lana Grossa, Qualität »Royal Tweed«, 100 % Merino, LL 100 m per 50 g:
  - 100 g Blau Nr. 10
- Lana Grossa, Qualität »Pep Blocco«, 80 % Mikrofaser, 20 % Polyamid, LL 110 m per 50 g:
  - Je 100 g Hellblau Nr. 806, Blau Nr. 804
- Stricknadeln Nr. 6 und 7

SO WIRD'S GEMACHT

ROSA AJOURSCHAL

Maschenprobe 12 M und 18 R ergeben 10 x 10 cm.

Grundmuster nach Strickschrift: gezeigt sind nur die Hin-R, die Rück-R stricken, wie sie erscheinen, dabei den Umschlag li stricken. Die 1. bis 8. R immer wiederholen. Schlagen Sie 25 M plus Rand-M mit der zartrosa Wolle an, und stricken Sie im Grundmuster. In 160 cm Gesamthöhe die Maschen abketten. Die Fäden vernähen und den Schal unter feuchten Tüchern spannen (→ Seite 54).

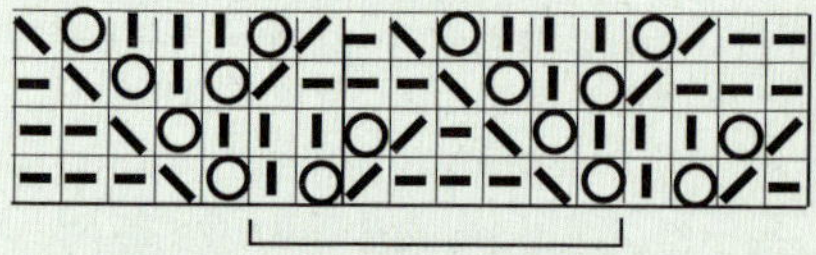

Rapport 8 M

- I re M
- – li M
- O 1 Umschlag
- / 2 M re zus.str.
- \ 1 M re abheben, 1 M re, die abgehobene M überziehen

PERLMUSTERSCHAL

Maschenprobe 13 M und 21 R mit »Niki« ergeben 10 cm im Quadrat.

Grundmuster Perlmuster: In Hin-R 1 M re, 1 M li, in Rück-R die M versetzt stricken.

Farbrapport: »Pep Blocco« Blau, »Royal Tweed« Blau, »Pep Blocco« Hellblau, »Niki« Hellblau, »Pulcino« Hellblau, »Pep Blocco« Blau, »Royal Tweed« Blau.
Streifenbreite: 12 cm, 4 cm, 8 cm. Die Streifenbreite mit dem Farbrapport immer wiederholen.

1 Schlagen Sie mit Stricknadeln Nr. 7 mit »Pep Blocco« Blau 38 M an. Beachten Sie, dass alle »Pep Blocco«-Streifen mit Nadeln Nr. 7, die übrigen Wollqualitäten mit Nadeln Nr. 6 gestrickt werden.

2 Stricken Sie den Schal 220 cm lang, dann die Maschen locker abketten. Die Fäden anschließend gut vernähen und den gestrickten Schal unter feuchten Tüchern spannen und gut trocknen lassen (→ Seite 54).

3 Zum Schluss knoten Sie in eine Schmalkante 40 cm lange Fransen mit »Pep Blocco« Blau, in die andere Fransen mit »Pulcino« Hellblau ein.

Schal mit Nerzoptik

Wer braucht noch echten Pelz, wenn Sie einen ähnlichen Effekt selbst zaubern können? Durch eine beidseitige Häkelbordüre mit Flauschgarn hat dieser Schal das gewisse Etwas.

MATERIAL

Maße: 32 x 210 cm

- Lana Grossa, Qualität »Niki«, 100 % Mikrofaser, LL 100 m per 50 g:
  - 200 g Rosé Nr. 28
- Lana Grossa, Qualität »Cat«, 50 % Mikroviskose, 35 % Merino, 15 % Baby Alpaka, LL 85 m per 50 g:
  - 250 g Grau-rosé Nr. 8
- Stricknadeln Nr. 5,5
- Häkelnadel Nr. 6

SO WIRD'S GEMACHT

Maschenprobe im Perlmuster: 16 M und 26 R ergeben 10 x 10 cm.

Grundmuster I Perlmuster: 1 M re, 1 M li im Wechsel, in den Rück-R 1 M re, 1 M li versetzt stricken.

Grundmuster II → Häkelschrift

1 Schlagen Sie mit »Niki«-Garn in Rosé 30 M plus Rand-M an, und stricken Sie im Grundmuster I. Als Randmasche empfiehlt sich der Kettrand: Dafür am Anfang jeder Reihe bei der ersten Masche im hinteren Maschenglied von rechts nach links einstechen und den Faden wie beim Rechtsstricken durchholen (rechts verschränkt). Am Ende jeder Reihe die letzte M links abheben.

TIPP Die »Pelzrüsche« können Sie problemlos verbreitern. Häkeln Sie einfach in den nächsten Reihen in jedes mittlere der Dreifach-Doppelstäbchen wieder drei Doppelstäbchen. Beachten Sie beim Wollkauf, dass Sie dann noch ein weiteres Knäuel »Cat« Grau-rosé brauchen.

2 Nach 210 cm ketten Sie die Maschen locker ab und vernähen die Fäden. Anschließend spannen Sie den Schal und lassen ihn über Nacht unter feuchten Tüchern trocknen (→ Seite 54), damit er schön glatt wird.

3 Für den Rüschenrand aus jedem Maschenglied des langen Kettrandes an beiden Seiten mit »Cat« Grau-rosé 1 feste M heraushäkeln. Dann jeweils weitere 3 R nach der Häkelschrift arbeiten. Abschließend die Fäden vernähen.

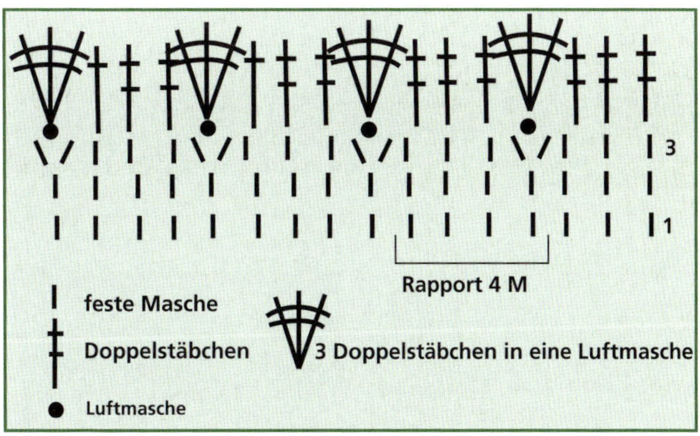

Gehäkelt und gerippt

Die dicken Schals sind topmodisch und ganz einfach und schnell nachgemacht. Entscheiden Sie selbst, ob Sie lieber häkeln oder stricken.

MATERIAL

Querrippenschal
Maße: 26 x 230 cm

- Lana Grossa, Qualität »Trefilo«, 100 % Schurwolle, LL 60 m per 50 g:
  - Je 100 g Pink-weiß meliert Nr. 204, Pink-orange meliert Nr. 7 und Gelb-pink meliert Nr. 205
- Stricknadeln Nr. 8

Häkelschal
Maße: 35 x 230 cm

- Lana Grossa, Qualität »Dasolo«, 87 % Merino, 13 % Polyamid, LL 75 m per 50 g:
  - Je 350 g Orange Nr. 3, Pink Nr. 4
- Häkelnadel Nr. 8

SO WIRD'S GEMACHT

QUERRIPPENSCHAL

Maschenprobe 12 M und 26 R ergeben 10 x 10 cm.
Grundmuster Kraus re: Hin- und Rück-R re stricken.

❶ Schlagen Sie 30 M plus Rand-M an, und stricken Sie im Grundmuster kraus re. Als Rand-M empfiehlt sich der Knötchenrand (→ Seite 8). Für die Streifen stricken Sie 42 R Gelb-pink meliert, 14 R Pink-weiß meliert und 32 Pink-orange meliert. Die Farbfolge immer wiederholen. Nach 230 cm Länge alle Maschen locker abketten. Die Fäden vernähen und den Schal spannen (→ Seite 54).

❷ Schneiden Sie 80 cm lange Fäden aus pink-weiß meliertem Garn, und fädeln Sie mit der Häkelnadel in jede Masche an den Schmalkanten zwei Fäden. Dann jeweils zehn Fäden bündeln und mit drei Bündeln einen lockeren Zopf flechten. Jedes Zopfende mit einem Wollfaden umwickeln und verknoten.

HÄKELSCHAL

Maschenprobe 9 M und 3 R mit doppeltem Faden ergeben 10 x 10 cm.
Grundmuster → Häkelschrift

Nehmen Sie den Faden des orangefarbenen und pinkfarbenen Garns, und schlagen Sie 31 Luft-M plus 7 Wende-Luft-M an. Häkeln Sie den Rapport sechsmal in der Breite. Nach 230 cm Länge schneiden Sie die Fäden ab und ziehen sie durch die letzte Masche. Die Fäden vernähen und den Schal spannen (→ Seite 54). Für die Fransen aus beiden Farben 40 cm lange Fäden in Dreierbündeln in die Schmalkanten knüpfen.

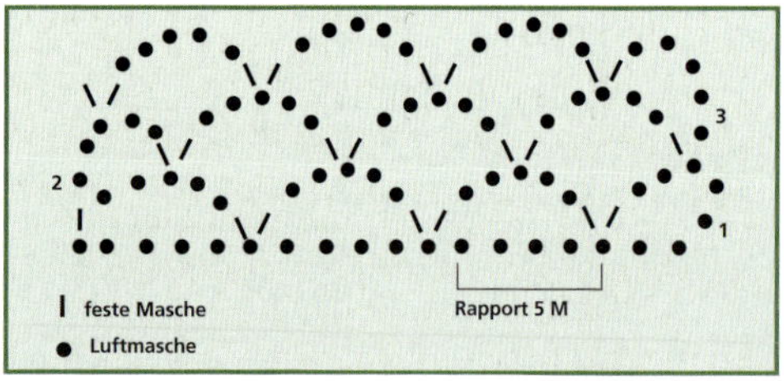

Über dieses Buch

Die Autorin Heidi Rothemund arbeitet in den Bereichen Kunsterziehung, Handwerk und Grafikdesign und schreibt für unterschiedliche Frauenzeitschriften und Verlage. Die kreative Gestaltung verschiedener Materialien ist Thema ihrer Veröffentlichung.

Die Fotografin Inge Ofenstein arbeitet seit vielen Jahren als Fotografin im Bereich Werbung und Verlage. Ihre Fotoarbeiten wurden durch die Teilnahme bei der Expo 1998 als Mitglied der Künstlergruppe »Manna - Kunst für das Volk« in Lissabon ausgezeichnet.

Danksagung Ein besonderer Dank gilt den unermüdlichen Strickerinnen Astrid, Sabine und Steffi, außerdem den Models Gertraud, Katharina, Sabine, Tina,Verena und Stefan und ganz besonders den geduldigen Minis Linda, Naomi und Paul.
Dank gilt auch der Firma Lana Grossa für die Materialbeschaffung. Über www.lanagrossa.de erhalten Sie im Internet die Bezugsquellen der Lana Grossa Wolle. Dort finden Sie auch eine Liste mit Online-Shops.

Bildnachweis Alle Fotos Inge Ofenstein, München

Weltbild Buchverlag
–Originalausgaben–

Steinerne Furt 67, 86167 Augsburg
2. Auflage 2005

Projektleitung: Julia Kotzschmar
Redaktion: Ursula Huber
Umschlagfoto: Inge Ofenstein, München
Umschlaggestaltung und Innenlayout:
X-Design, München
Satz: Lydia Koch, Augsburg
Reproduktion: Point of Media GmbH, Augsburg
Druck und Bindung: Offizin Andersen Nexö Leipzig GmbH, Spenglerallee 26–30, 04442 Zwenkau

Gedruckt auf chlorfrei gebleichtem Papier
Printed in Germany

ISBN 3-89897-078-7

Stichwortverzeichnis